新疆文物考古研究所丛刊之九

吐鲁番学研究丛书甲种本之四

# 新疆洋海墓地

## 下

吐鲁番市文物局

新疆文物考古研究所

吐鲁番学研究院

吐鲁番博物馆

编 著

文物出版社

# Report of Archaeological Excavations at Yanghai Cemetery

*by*

Turfan City Bureau of Cultural Relics
Xinjiang Institute of Cultural Relics and Archaeology
Academy of Turfanology
Turfan Museum

Cultural Relics Press

# 图版目录

洋海墓地外景

洋海墓地外景

1. Ⅰ M1

2. Ⅰ M4

3. Ⅰ M5

Ⅰ号墓地墓葬

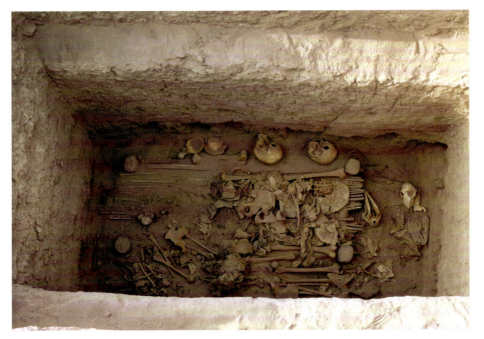

1. Ⅰ M6

2. Ⅰ M12

3. Ⅰ M13

4. Ⅰ M14

5. Ⅰ M15

Ⅰ号墓地墓葬

1. Ⅰ M18

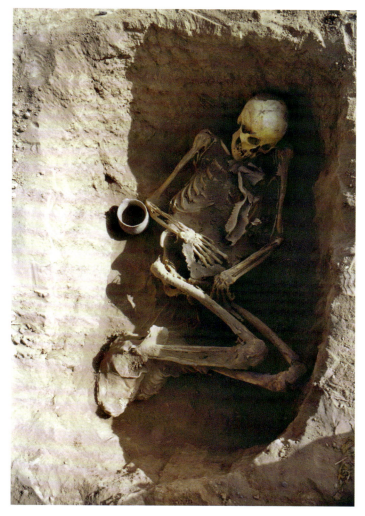

4. Ⅰ M17

2. Ⅰ M19

3. Ⅰ M19（左腿局部）

5. Ⅰ M19（右腿局部）

Ⅰ号墓地墓葬

1. Ⅰ M20

2. Ⅰ M21 第①层（局部）

3. Ⅰ M21 第②层

4. Ⅰ M21 第②层（局部）

Ⅰ号墓地墓葬

1. Ⅰ M23

2. Ⅰ M25

3. Ⅰ M24

4. Ⅰ M26

Ⅰ号墓地墓葬

1. Ⅰ M27

2. Ⅰ M31

3. Ⅰ M33

4. Ⅰ M30

5. Ⅰ M34

Ⅰ号墓地墓葬

1. Ⅰ M37

3. Ⅰ M43

4. Ⅰ M54

2. Ⅰ M42

5. Ⅰ M57

Ⅰ号墓地墓葬

1. Ⅰ M59

2. Ⅰ M62 第①层

3. Ⅰ M62 第③层

4. Ⅰ M60

5. Ⅰ M71

Ⅰ号墓地墓葬

1. Ⅰ M67 墓室

2. Ⅰ M67（局部）

3. Ⅰ M77

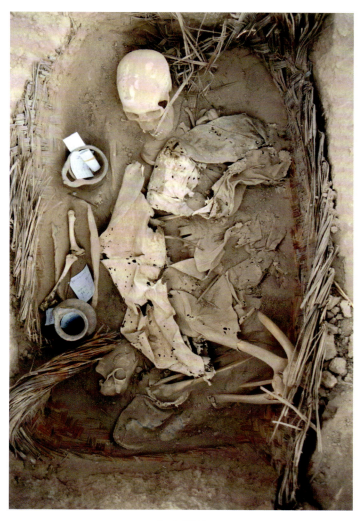

4. Ⅰ M72

5. Ⅰ M78

Ⅰ号墓地墓葬

1. Ⅰ M80

2. Ⅰ M84

3. Ⅰ M83

4. Ⅰ M87

5. Ⅰ M89

Ⅰ号墓地墓葬

1. Ⅰ M90

3. Ⅰ M98 黑果枸杞层

4. Ⅰ M98 苇秆层

2. Ⅰ M95

5. Ⅰ M98 墓室

Ⅰ号墓地墓葬

1. Ⅰ M90

4. Ⅰ M103

2. Ⅰ M100

3. Ⅰ M110

5. Ⅰ M113

Ⅰ号墓地墓葬

1. Ⅰ M107 干草

2. Ⅰ M107 芦苇

3. Ⅰ M107 棚木

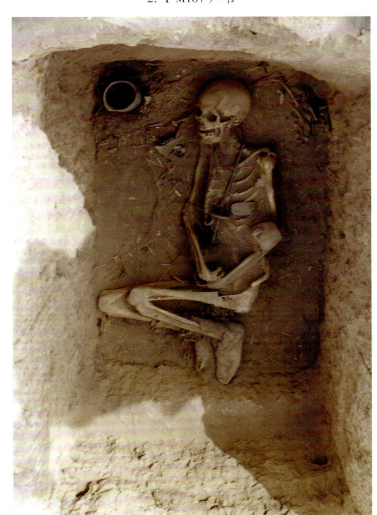

4. Ⅰ M107 墓室

Ⅰ号墓地墓葬

1. Ⅰ M117

2. Ⅰ M119

3. Ⅰ M122

4. Ⅰ M124

5. Ⅰ M126

Ⅰ号墓地墓葬

1. Ⅰ M127

2. Ⅰ M140

3. Ⅰ M129

4. Ⅰ M132

5. Ⅰ M152

Ⅰ号墓地墓葬

1. Ⅰ M149 土坯

2. Ⅰ M149 柳木棍

3. Ⅰ M149 墓底

4. Ⅰ M153

5. Ⅰ M150 墓底

Ⅰ号墓地墓葬

1. Ⅰ M154

4. Ⅰ M158

2. Ⅰ M155 第①层

3. Ⅰ M155 第①层（局部）

5. Ⅰ M155 第②层

Ⅰ号墓地墓葬

1. Ⅰ M157 墓西袝葬坑

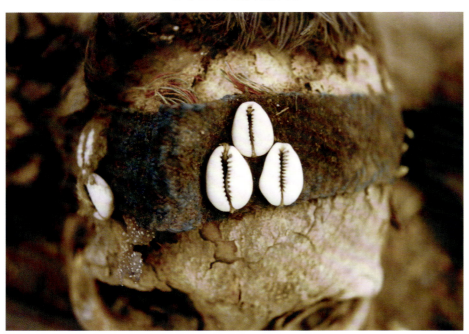

2. Ⅰ M157 墓主头部

3. Ⅰ M162

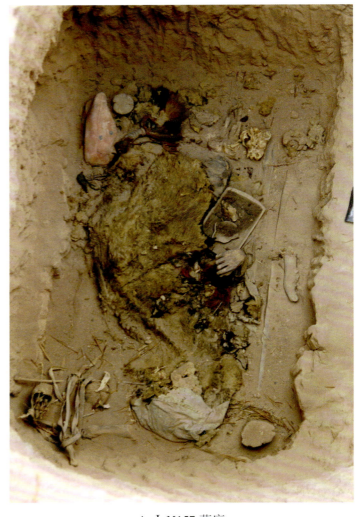

4. Ⅰ M157 墓底

5. Ⅰ M160

Ⅰ号墓地墓葬

1. Ⅰ M164

2. Ⅰ M170

3. Ⅰ M174

4. Ⅰ M167

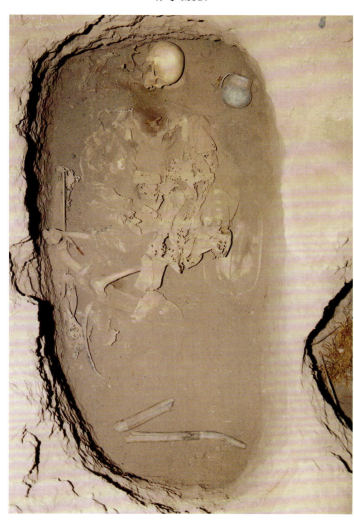

5. Ⅰ M173

Ⅰ号墓地墓葬

1. Ⅰ M177

2. Ⅰ M199

3. Ⅰ M200

4. Ⅰ M182 第②层人骨

5. Ⅰ M187

Ⅰ号墓地墓葬

1. Ⅰ M203

2. Ⅰ M204

3. Ⅰ M206

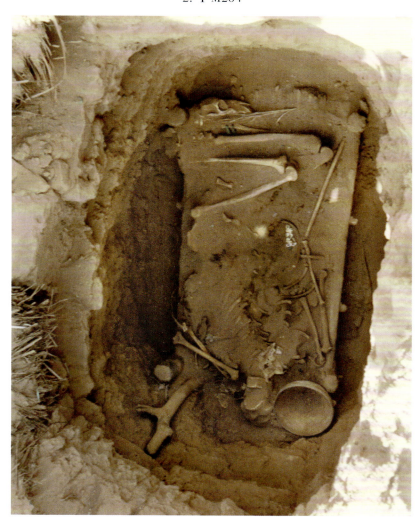

4. Ⅰ M208

Ⅰ号墓地墓葬

1. Ⅰ M217 棚木

4. Ⅱ M4

2. Ⅰ M217 墓底

3. Ⅱ M2

5. Ⅱ M10

Ⅰ、Ⅱ号墓地墓葬

1. Ⅱ M9

2. Ⅱ M13

3. Ⅱ M22

4. Ⅱ M24

5. Ⅱ M26

Ⅱ号墓地墓葬

1. Ⅱ M42

2. Ⅱ M48 北侧殉马坑

3. Ⅱ M49 墓口

4. Ⅱ M48 偏室

5. Ⅱ M49 竖穴偏室墓口

Ⅱ号墓地墓葬

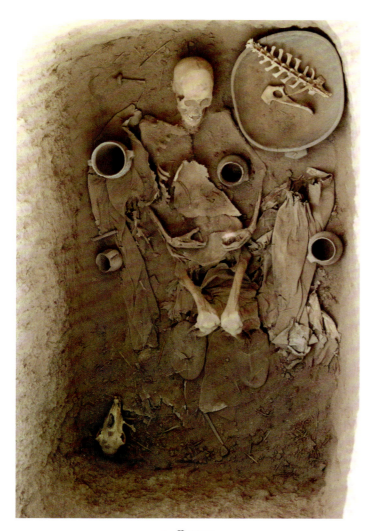

1. Ⅱ M60

2. Ⅱ M63

4. Ⅱ M79

3. Ⅱ M65

5. Ⅱ M81

Ⅱ号墓地墓葬

1. Ⅱ M84

3. Ⅱ M127

4. Ⅱ M138

2. Ⅱ M98

5. Ⅱ M139

Ⅱ号墓地墓葬

1. Ⅱ M154下层

3. Ⅱ M163

4. Ⅱ M172上层

2. Ⅱ M164

5. Ⅱ M172下层

Ⅱ号墓地墓葬

1. Ⅱ M173

3. Ⅱ M179

2. Ⅱ M178

4. Ⅱ M192

Ⅱ号墓地墓葬

1. Ⅱ M194

3. Ⅱ M205上层

4. Ⅱ M205下层

2. Ⅱ M202

5. Ⅱ M210

Ⅱ号墓地墓葬

1. Ⅱ M212

2. Ⅱ M212 北侧殉马坑

3. Ⅱ M218上层

4. Ⅱ M212 墓室

5. Ⅱ M215

Ⅱ号墓地墓葬

1. Ⅱ M219

4. Ⅱ M221

2. Ⅱ M222

3. Ⅱ M222

5. Ⅱ M223

Ⅱ号墓地墓葬

1. Ⅲ M29

2. Ⅲ M29（局部）

3. Ⅲ M37

4. Ⅲ M38

5. Ⅲ M58

Ⅲ号墓地墓葬

1. Ⅲ M60

2. Ⅲ M62

3. Ⅲ M64上层

4. Ⅲ M64下层

Ⅲ号墓地墓葬

1. Ⅰ M5：土坯 1

2. Ⅰ M5：土坯 2

3. Ⅰ M14：土坯 1

4. Ⅰ M18：土坯 1

5. Ⅰ M18：土坯 2

6. Ⅰ M82：土坯 1

7. Ⅰ M103：土坯 1

8. Ⅰ M103：土坯 2

0 ———— 10厘米

Ⅰ号墓地出土土坯

1. Ⅰ M103：土坯 3

2. Ⅰ M103：土坯 4

3. Ⅰ M103：土坯 5

4. Ⅰ M103：土坯 6

5. Ⅰ M139：土坯 1

6. Ⅰ M161：土坯 2

7. Ⅰ M170：土坯 1

8. Ⅰ M179：土坯 1

0 ____ 10 厘米

Ⅰ 号墓地出土土坯

1. Ⅰ M201：土坯 1

2. Ⅰ M209：土坯 1

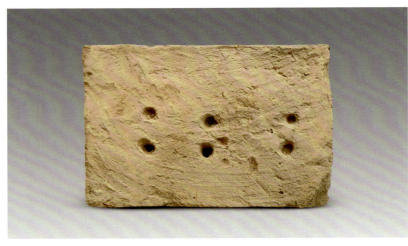

3. Ⅰ M209：土坯 2

4. Ⅰ M209：土坯 3

5. Ⅱ M64：土坯 1

6. Ⅲ M12：土坯 1

7. Ⅲ M29：土坯 1

8. Ⅲ M76：土坯 1

0 ⊢——⊣ 10厘米

Ⅰ ~ Ⅲ号墓地出土土坯

1. 苇席（Ⅰ M217）

2. 木床正视（Ⅰ M217）

3. 木床侧视（Ⅰ M217）

4. 木床（Ⅰ M217）

0 ⎯⎯ 10 厘米

Ⅰ号墓地出土苇席、木床

1. 木床（Ⅰ M14）

2. 木床（Ⅰ M163）

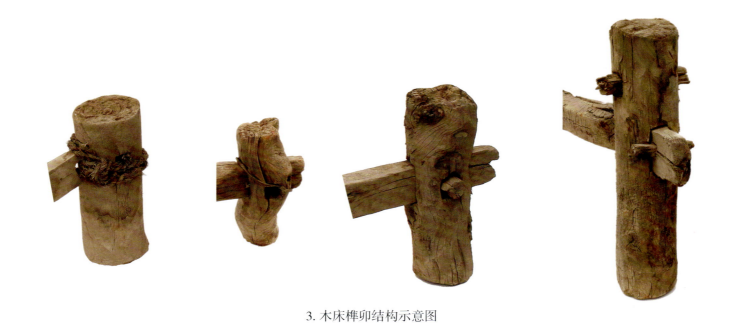

3. 木床榫卯结构示意图

0 ____ 10厘米

Ⅰ号墓地出土木床

1. Ⅰ式（ⅠM18：2）

2. Ⅰ式（ⅠM215：1）

3. Ⅰ式（ⅡM89：4）

4. Ⅱ式（ⅠM1：3）

5. Ⅱ式（ⅠM3：1）

6. Ⅱ式（ⅠM6：6）

Ⅰ、Ⅱ号墓地出土 A 型陶单耳罐

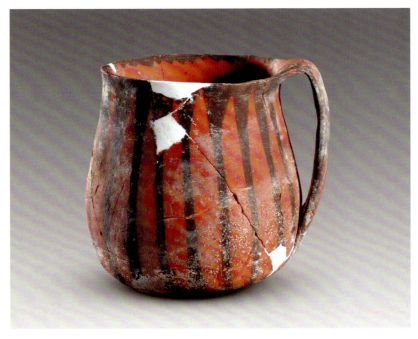

1. Ⅰ M25：8

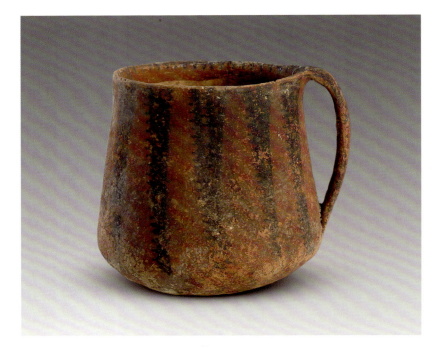

2. Ⅰ M62：9

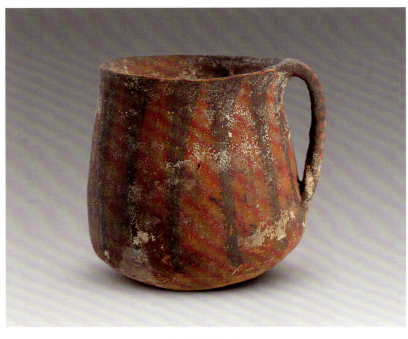

3. Ⅰ M87：7

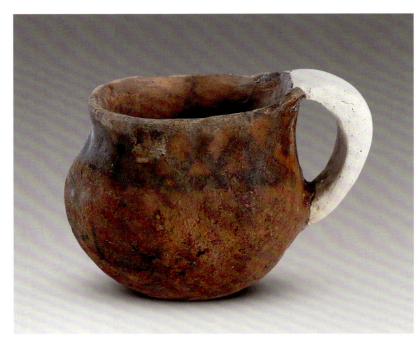

4. Ⅰ M90：1

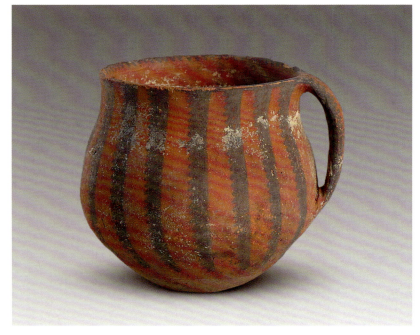

5. Ⅰ M103：4

6. Ⅰ M107：4

Ⅰ号墓地出土 A 型 Ⅱ式陶单耳罐

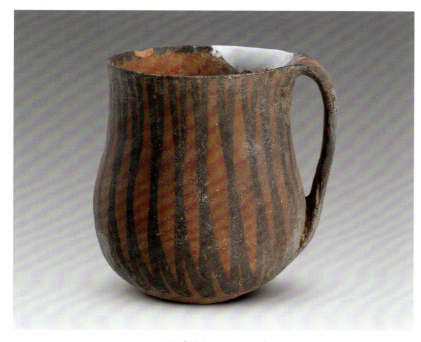

1. Ⅱ式（ⅠM132∶1）

2. Ⅱ式（ⅠM136∶1）

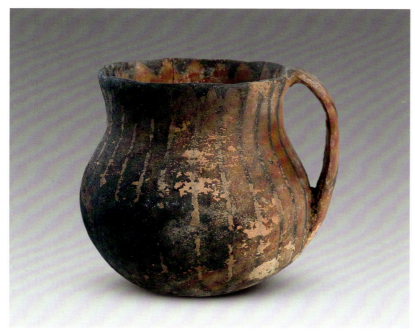

3. Ⅱ式（ⅠM167∶1）

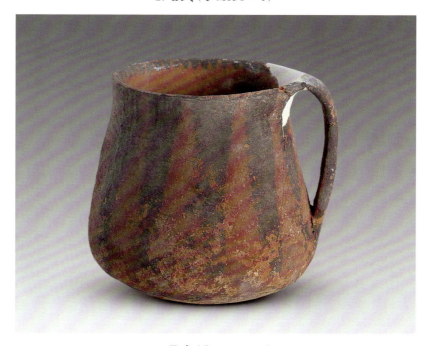

4. Ⅱ式（ⅠM218∶4）

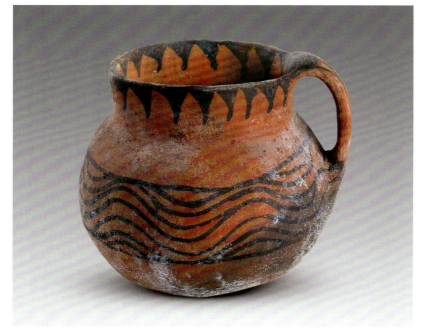

5. Ⅲ式（ⅠM3∶2）

6. Ⅲ式（ⅠM14∶3）

Ⅰ号墓地出土 A 型陶单耳罐

1. ⅠM23：2

2. ⅠM25：2

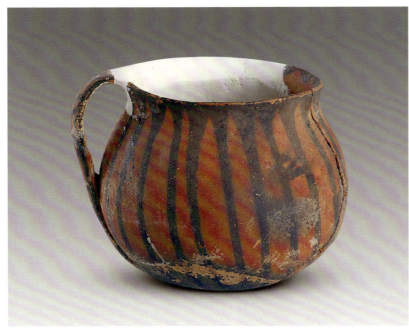

3. ⅠM26：3

4. ⅠM26：5

5. ⅠM37：1

6. ⅠM38：1

Ⅰ号墓地出土 A 型Ⅲ式陶单耳罐

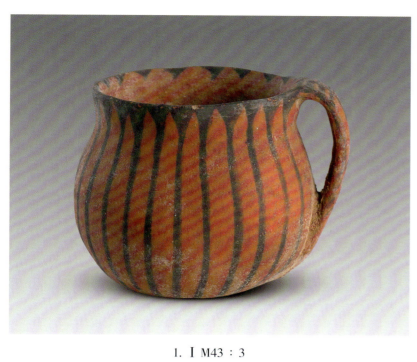

1. Ⅰ M43：3

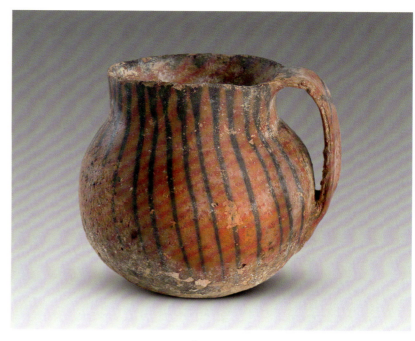

2. Ⅰ M47：2

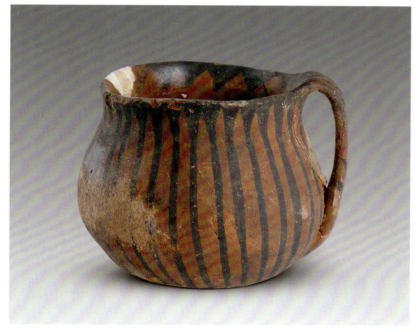

3. Ⅰ M49：3

4. Ⅰ M49：4

5. Ⅰ M68：4

6. Ⅰ M80：1

Ⅰ号墓地出土 A 型 Ⅲ 式陶单耳罐

1. Ⅰ M95：10

2. Ⅰ M96：1

3. Ⅰ M113：4

4. Ⅰ M142：1

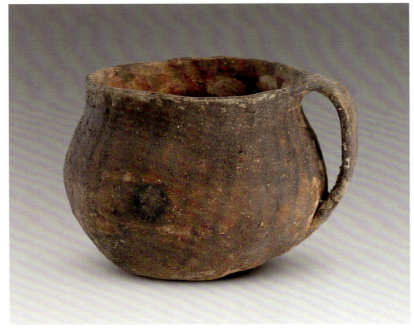

5. Ⅰ M142：4

6. Ⅰ M148：1

Ⅰ号墓地出土 A 型Ⅲ式陶单耳罐

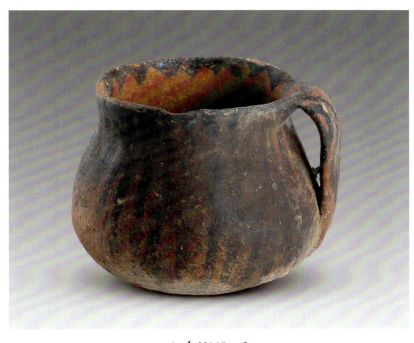

1. Ⅰ M148：2

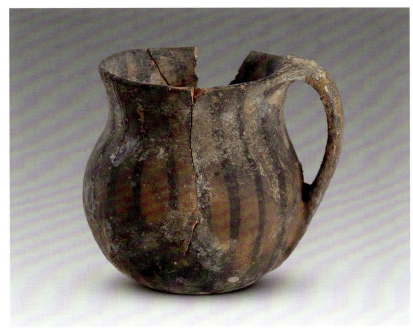

2. Ⅱ M84：1

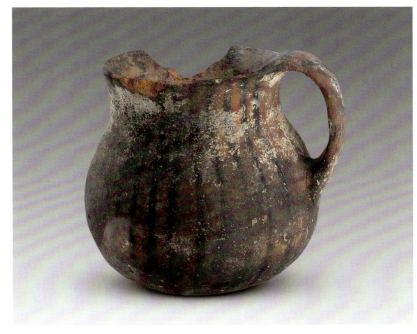

3. Ⅱ M147：2

4. Ⅱ M150：2

5. Ⅱ M172：4

6. Ⅱ M182：2

Ⅰ、Ⅱ号墓地出土 A 型Ⅲ式陶单耳罐

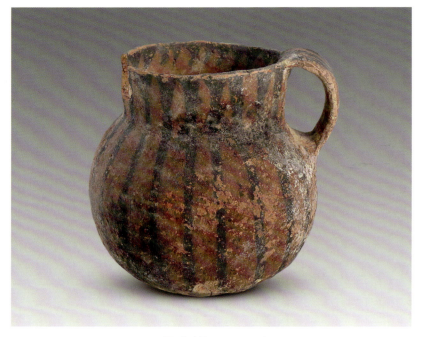

1. Ⅲ式（ⅡM210：1）

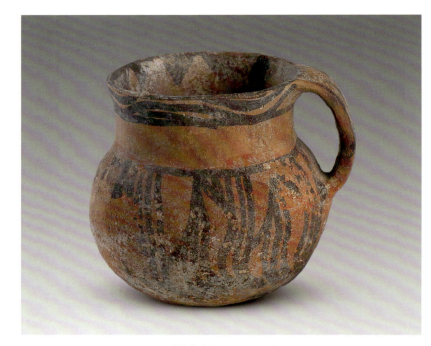

2. Ⅳ式（ⅠM183：2）

3. Ⅳ式（ⅡM7：1）

4. Ⅳ式（ⅡM9：1）

5. Ⅳ式（ⅡM18：5）

6. Ⅳ式（ⅡM20：2）

Ⅰ、Ⅱ号墓地出土 A 型陶单耳罐

1. Ⅱ M22：3

2. Ⅱ M34：1

3. Ⅱ M56：1

4. Ⅱ M65：2

5. Ⅱ M67：1

6. Ⅱ M68：2

Ⅱ号墓地出土 A 型Ⅳ式陶单耳罐

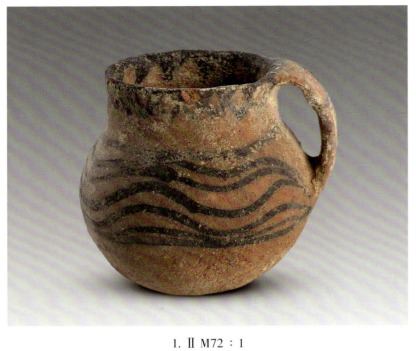

1. Ⅱ M72：1

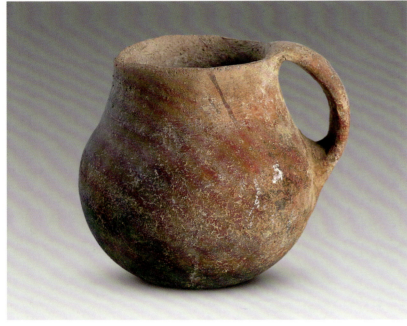

2. Ⅱ M75：1

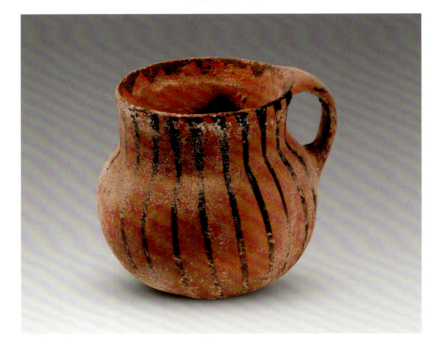

3. Ⅱ M76：1

4. Ⅱ M91：2

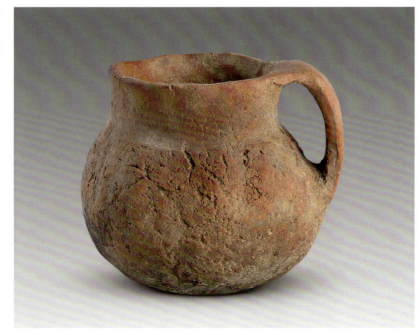

5. Ⅱ M92：10

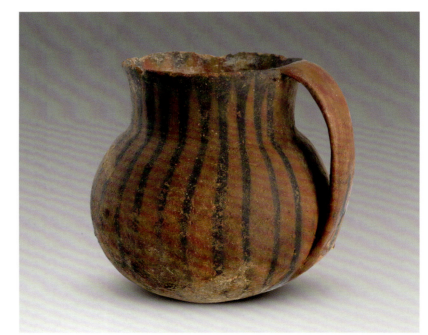

6. Ⅱ M98：3

Ⅱ号墓地出土 A 型Ⅳ式陶单耳罐

1. Ⅱ M98：7

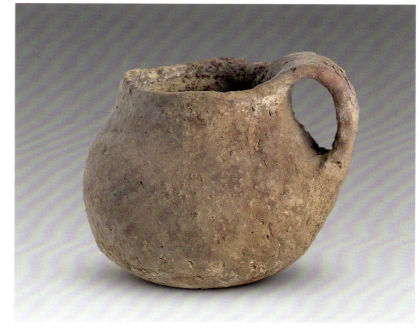

2. Ⅱ M105：2

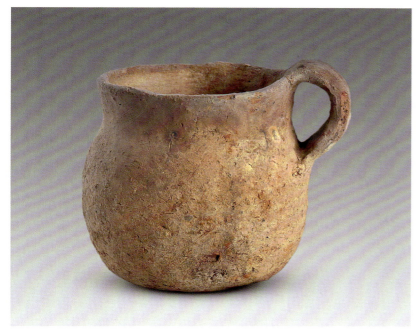

3. Ⅱ M112：1

4. Ⅱ M113：2

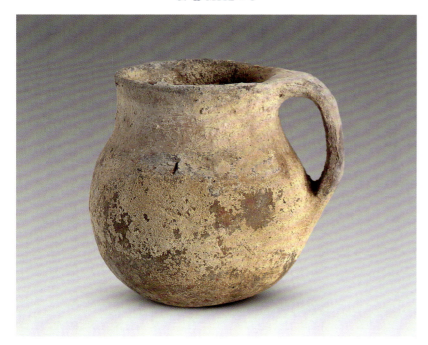

5. Ⅱ M122：2

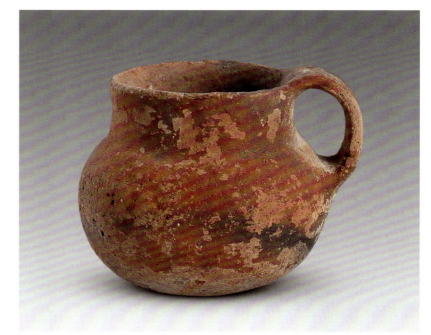

6. Ⅱ M126：2

Ⅱ号墓地出土 A 型Ⅳ式陶单耳罐

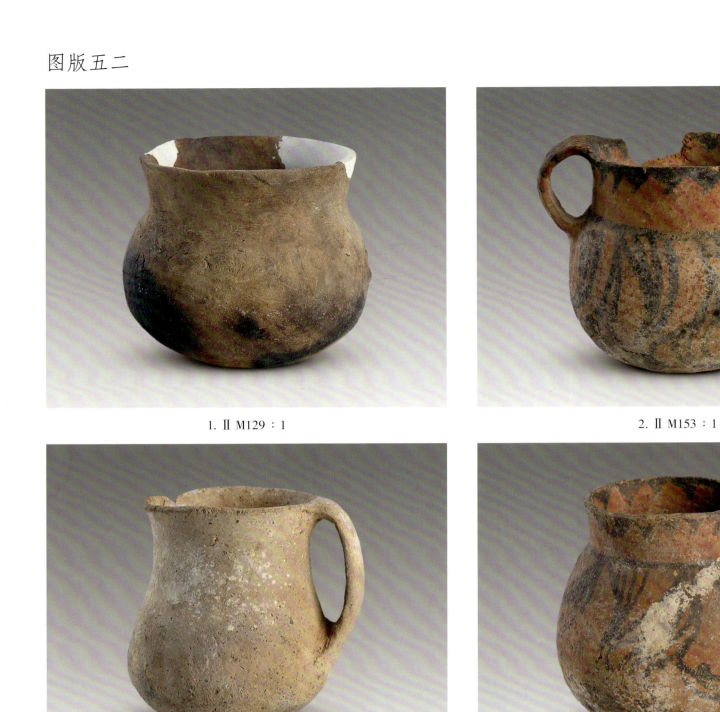

1. ⅡM129：1

2. ⅡM153：1

3. ⅡM154：8

4. ⅡM155：1

5. ⅡM156：1

6. ⅡM156：6

Ⅱ号墓地出土 A 型Ⅳ式陶单耳罐

1. Ⅱ M158：2

2. Ⅱ M163：3

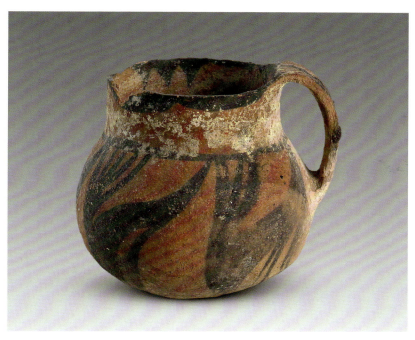

3. Ⅱ M164：6

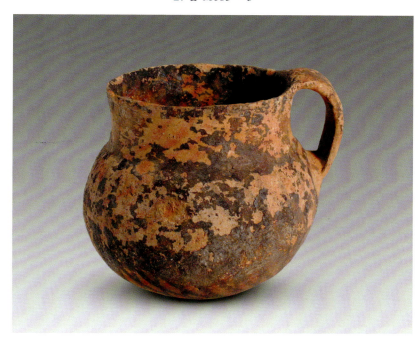

4. Ⅱ M168：2

5. Ⅱ M168：3

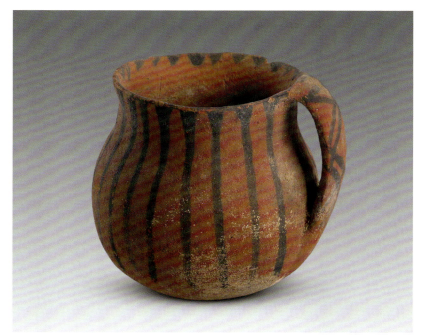

6. Ⅱ M172：5

Ⅱ号墓地出土 A 型Ⅳ式陶单耳罐

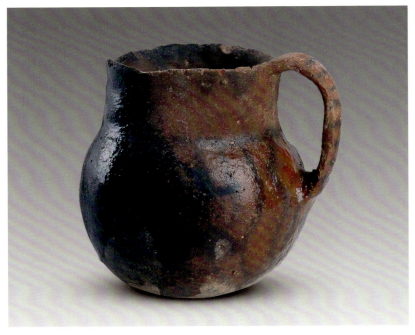

1. Ⅱ M173：4

2. Ⅱ M191：1

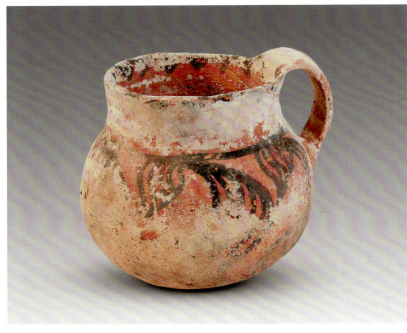

3. Ⅱ M192：1

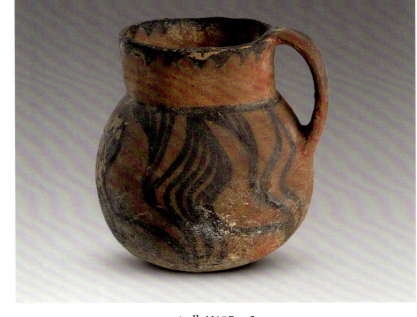

4. Ⅱ M197：2

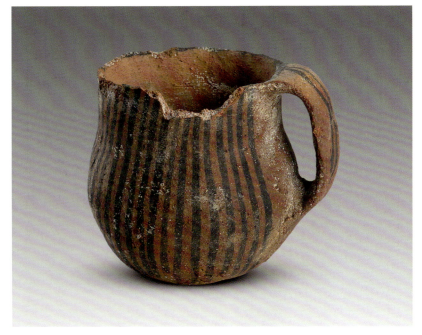

5. Ⅱ M202：2

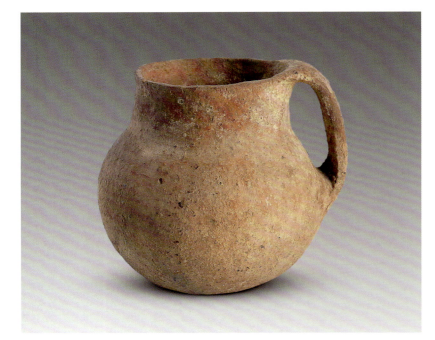

6. Ⅱ M202：5

Ⅱ号墓地出土 A 型Ⅳ式陶单耳罐

1. Ⅱ M208：1

2. Ⅱ M209：1

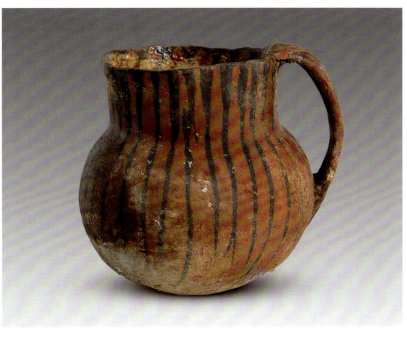

3. Ⅱ M218：3

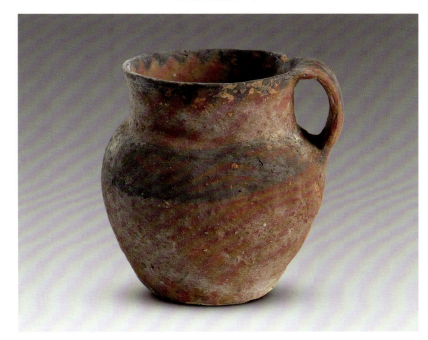

4. Ⅱ M220：2

5. Ⅱ M222：1

6. Ⅱ M223：2

Ⅱ号墓地出土 A 型Ⅳ式陶单耳罐

1. Ⅳ式（Ⅲ M53：2）　　　　　　　　　2. Ⅴ式（Ⅰ M190：1）

3. Ⅴ式（Ⅲ M64：2）　　　　　　　　　4. Ⅰ M8：5

5. Ⅰ M15：3　　　　　　　　　　　　　6. Ⅰ M16：2

Ⅰ、Ⅲ号墓地出土 A 型陶单耳罐

1. Ⅰ M26∶1

2. Ⅰ M61∶1

3. Ⅰ M72∶5

4. Ⅰ M129∶4

5. Ⅰ M176∶1

6. Ⅱ M33∶3

Ⅰ、Ⅱ号墓地出土 A 型陶单耳罐

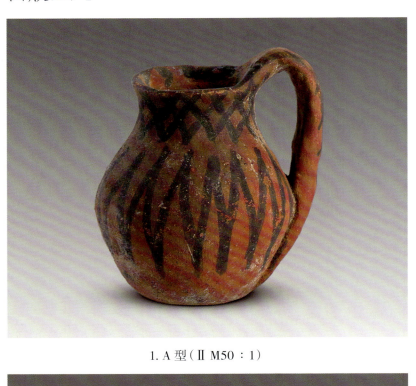

1. A 型（ⅡM50：1）

2. A 型（ⅡM51：1）

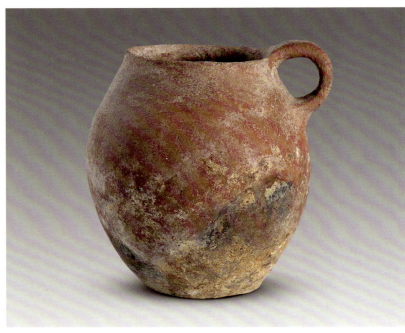

3. A 型（ⅢM30：3）

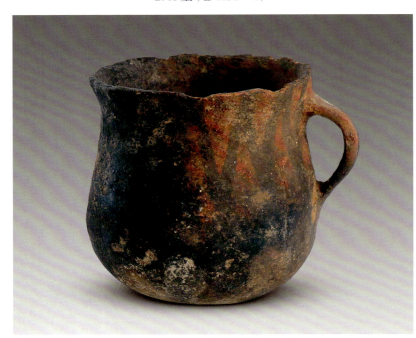

4. B 型（ⅠM17：1）

5. B 型（ⅠM20：4）

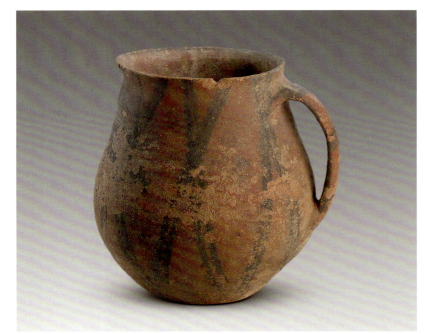

6. B 型（ⅠM68：1）

Ⅰ～Ⅲ号墓地出土陶单耳罐

1. Ⅰ M89：2

2. Ⅱ M30：2

3. Ⅱ M43：5

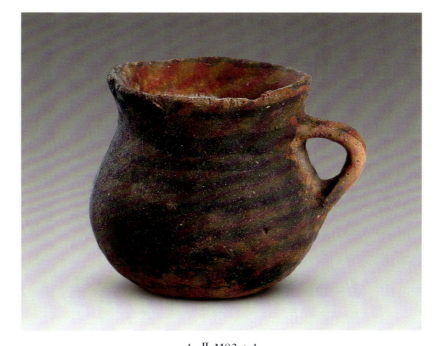

4. Ⅱ M83：1

5. Ⅱ M119：3

6. Ⅱ M123：1

Ⅰ、Ⅱ号墓地出土 B 型陶单耳罐

1. Ⅱ M172：2

2. Ⅱ M173：5

3. Ⅱ M207：3

4. Ⅱ M211：6

5. Ⅲ M11：3

6. Ⅲ M21：12

Ⅱ、Ⅲ号墓地出土 B 型陶单耳罐

1. B 型单耳罐（Ⅲ M38∶3）

2. 单耳罐（Ⅰ M23∶9）

3. 单耳罐（Ⅰ M90∶3）

5. 双耳罐（Ⅰ M1∶2）

4. 单耳罐（Ⅰ M91∶1）

Ⅰ、Ⅲ号墓地出土陶单耳罐、双耳罐

1. Ⅰ M27：1

2. Ⅰ M38：2

3. Ⅰ M83：6

4. Ⅰ M87：2

5. Ⅰ M118：4

6. Ⅰ M127：3

Ⅰ号墓地出土陶双耳罐

1. 双耳罐（Ⅱ M60：1）

2. 双系罐（Ⅱ M196：2）

3. 双系罐（Ⅱ M199：2）

4. 双系罐（Ⅱ M202：3）

5. 双联罐（Ⅰ M49：2）

6. 圈足罐（Ⅰ M6：4）

Ⅰ、Ⅱ号墓地出土陶器

1. Ⅰ M25：6

2. Ⅰ M41：1

3. Ⅰ M136：2

4. Ⅰ M201：3

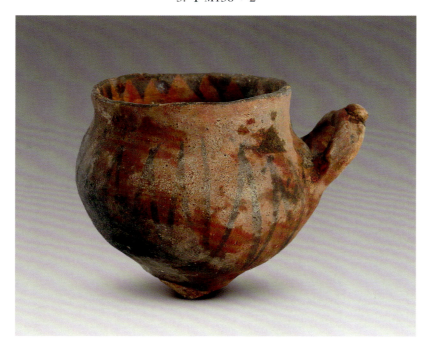

5. Ⅱ M2：8

6. Ⅱ M15：2

Ⅰ、Ⅱ号墓地出土陶圈足罐

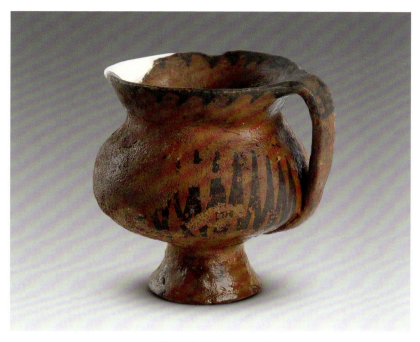

1. 圈足罐（ⅡM19：4）

2. 圈足罐（ⅡM60：3）

3. 圈足罐（ⅡM114：1）

4. 带流罐（ⅢM30：2）

5. 带流罐（ⅢM47：2）

6. 带流罐（ⅢM67：3）

Ⅱ、Ⅲ号墓地出土陶圈足罐、带流罐

1. 带流罐（Ⅲ M72：1）

2. 罐（Ⅱ M131：3）

3. 罐（Ⅱ M161：2）

4. 罐（Ⅱ M207：1）

5. 罐（Ⅲ M21：8）

6. 罐（Ⅲ M24：6）

Ⅱ、Ⅲ号墓地出陶带流罐、罐

1. Ⅲ M29：1

2. Ⅲ M47：4

3. Ⅲ M76：1

4. Ⅲ M76：4

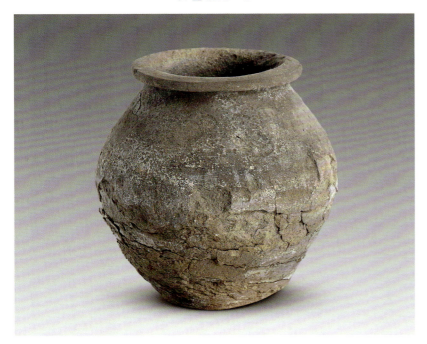

5. Ⅲ M76：14

6. Ⅲ M77：2

Ⅲ号墓地出土陶罐

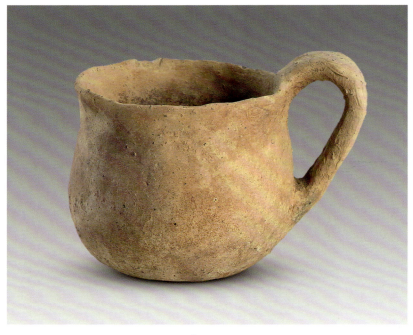

1. Ⅰ M7：1

2. Ⅰ M7：2

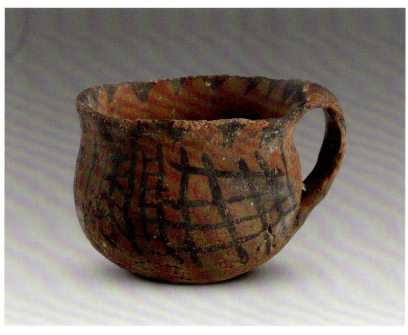

3. Ⅰ M11：1

4. Ⅰ M23：1

5. Ⅰ M35：3

Ⅰ号墓地出土 A 型 Ⅱ 式陶单耳杯

1. Ⅰ M40：1

2. Ⅰ M42：2

3. Ⅰ M74：2

4. Ⅰ M74：6

5. Ⅰ M88：1

6. Ⅰ M89：1

Ⅰ号墓地出土 A 型 Ⅱ 式陶单耳杯

1. I M105：5

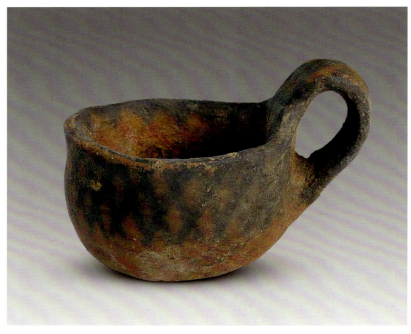

2. I M129：3

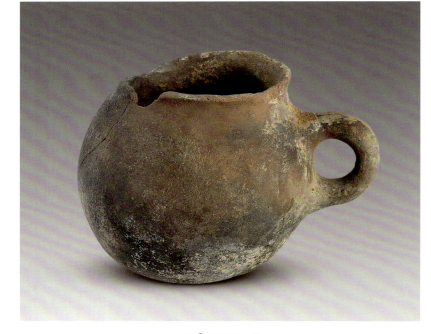

3. I M148：16

4. I M155：2

5. I M182：5

6. I M187：3

I 号墓地出土 A 型 II 式陶单耳杯

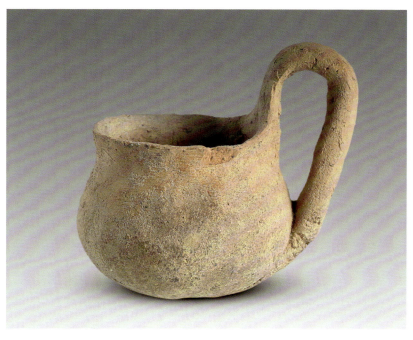

1. Ⅱ式（ⅠM201∶2）

2. Ⅲ式（ⅠM82∶4）

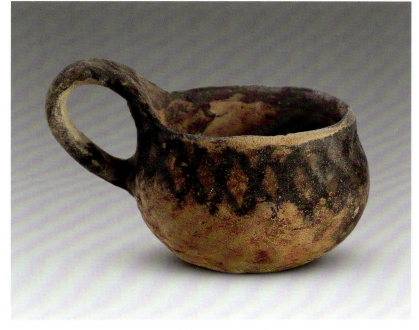

3. Ⅲ式（ⅠM106∶12）

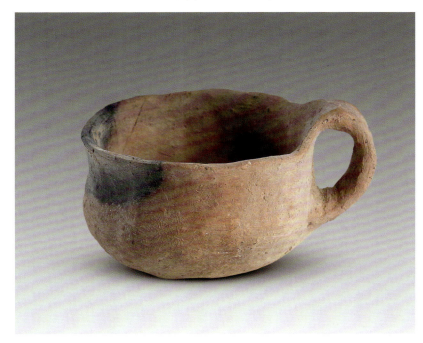

4. Ⅲ式（ⅡM55∶2）

5. Ⅲ式（ⅡM140∶2）

6. Ⅲ式（ⅡM159∶4）

Ⅰ、Ⅱ号墓地出土 A 型陶单耳杯

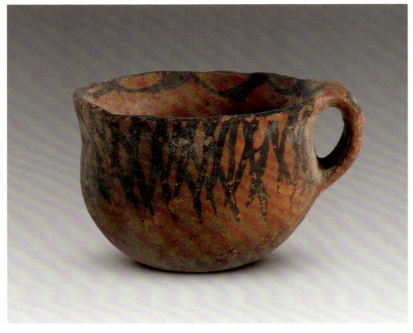

1. Ⅲ式（ⅡM159：7）

2. Ⅲ式（ⅡM172：7）

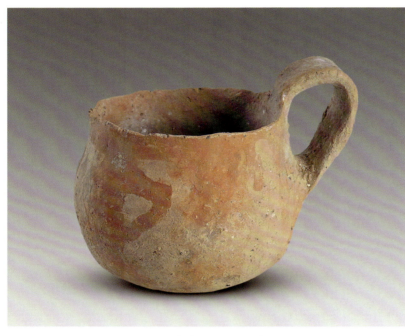

3. Ⅲ式（ⅡM184：1）

4. Ⅲ式（ⅢM38：2）

5. Ⅳ式（ⅡM6：1）

6. Ⅳ式（ⅡM7：2）

Ⅱ、Ⅲ号墓地出土 A 型陶单耳杯

1. Ⅱ M8：1

2. Ⅱ M13：l0

3. Ⅱ M27：6

4. Ⅱ M43：2

5. Ⅱ M78：1

6. Ⅱ M90：2

Ⅱ号墓地出土 A 型Ⅳ式陶单耳杯

1. Ⅱ M98：2

2. Ⅱ M100：2

3. Ⅱ M119：2

4. Ⅱ M123：3

5. Ⅱ M142：2

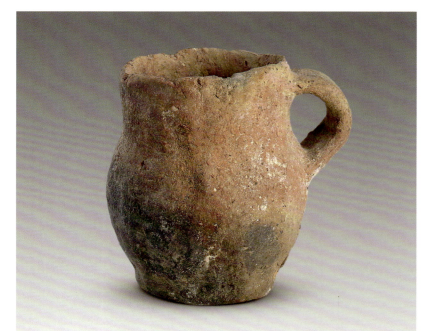

6. Ⅱ M152：3

Ⅱ号墓地出土 A 型Ⅳ式陶单耳杯

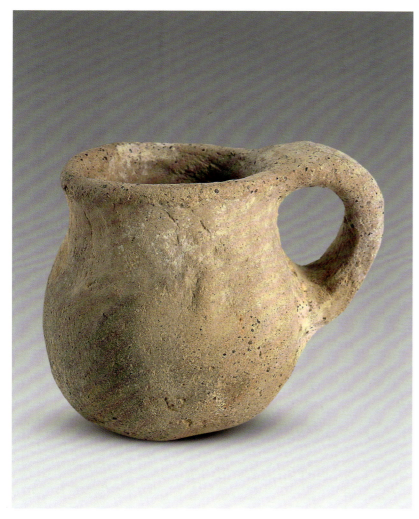

1. Ⅱ M154：9

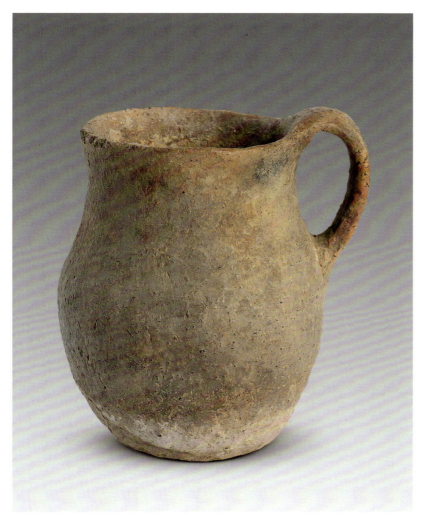

4. Ⅱ M211：7

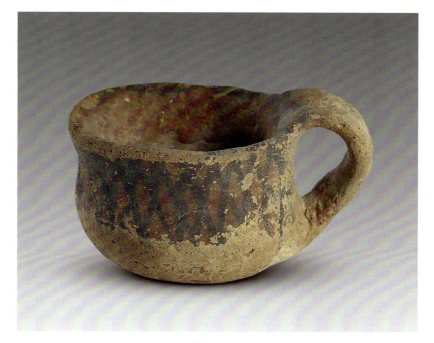

2. Ⅱ M166：2

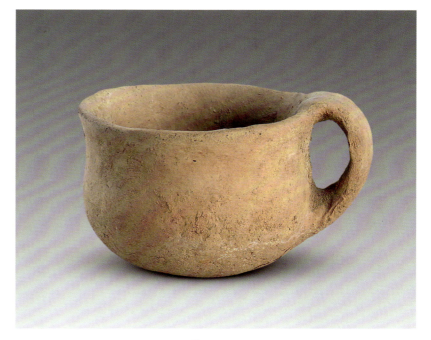

3. Ⅱ M172：6

5. Ⅱ M219：1

Ⅱ号墓地出土 A 型Ⅳ式陶单耳杯

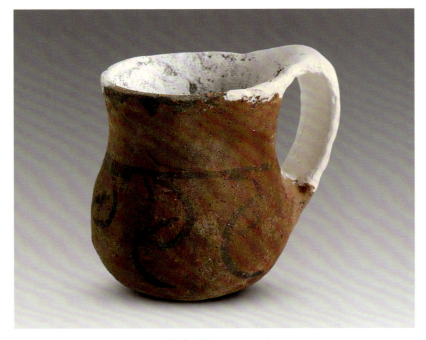

1. Ⅳ式（Ⅱ M221：1）

2. Ⅴ式（Ⅲ M2：3）

3. Ⅴ式（Ⅲ M2：13）

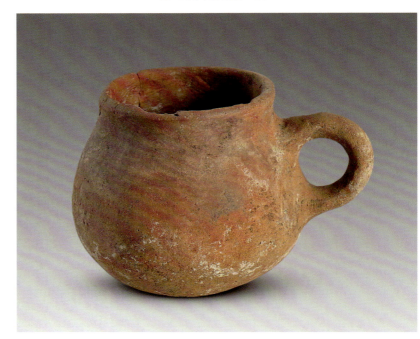

4. Ⅴ式（Ⅲ M8：3）

5. Ⅴ式（Ⅲ M12：2）

6. Ⅴ式（Ⅲ M14：2）

Ⅱ、Ⅲ号墓地出土 A 型陶单耳杯

1. Ⅲ M14：3

2. Ⅲ M15：2

3. Ⅲ M16：4

4. Ⅲ M21：1

5. Ⅲ M21：2

6. Ⅲ M22：2

Ⅲ号墓地出土 A 型 Ⅴ式陶单耳杯

1. Ⅲ M24：1

2. Ⅲ M24：5

3. Ⅲ M26：2

4. Ⅲ M26：4

5. Ⅲ M27：1

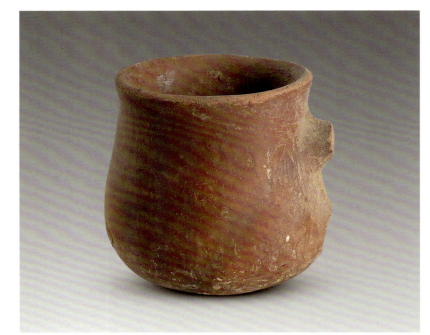

6. Ⅲ M27：2

Ⅲ号墓地出土 A 型 Ⅴ 式陶单耳杯

1. Ⅲ M28：1

2. Ⅲ M30：1

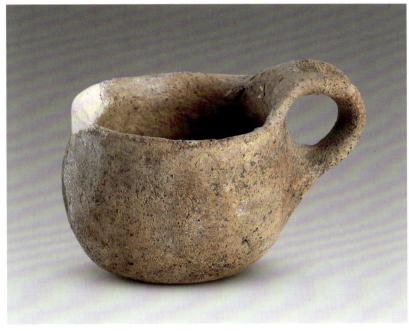

3. Ⅲ M30：7

4. Ⅲ M32：1

5. Ⅲ M36：6

6. Ⅲ M39：2

Ⅲ号墓地出土 A 型 V 式陶单耳杯

1. Ⅲ M41：2

2. Ⅲ M46：3

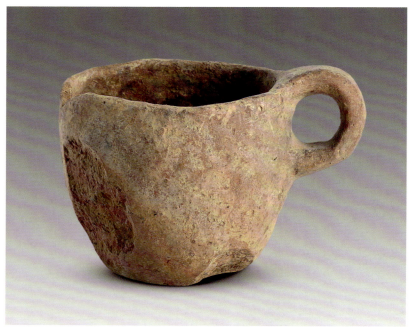

3. Ⅲ M47：6

4. Ⅲ M53：1

5. Ⅲ M57：1

6. Ⅲ M57：2

Ⅲ号墓地出土 A 型 V 式陶单耳杯

1. Ⅲ M58：2

2. Ⅲ M59：3

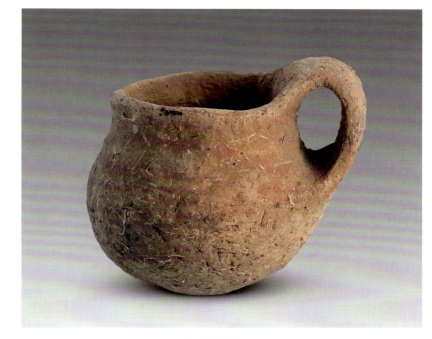

3. Ⅲ M60：1

4. Ⅲ M61：1

5. Ⅲ M62：1

6. Ⅲ M63：1

Ⅲ号墓地出土 A 型 V 式陶单耳杯

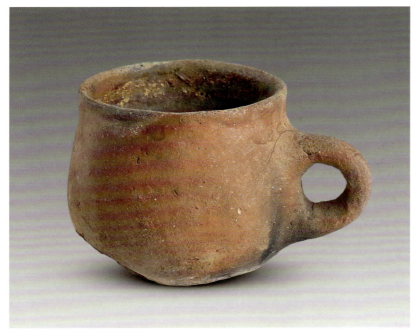

1. A 型 V 式（Ⅲ M68：2）

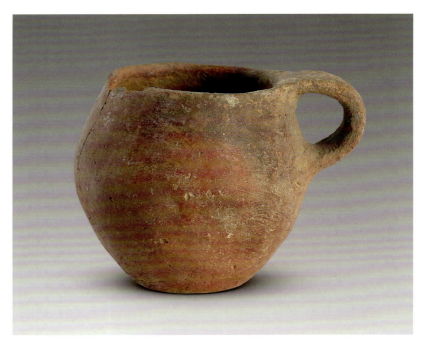

2. A 型 V 式（Ⅲ M68：3）

3. A 型 V 式（Ⅲ M72：4）

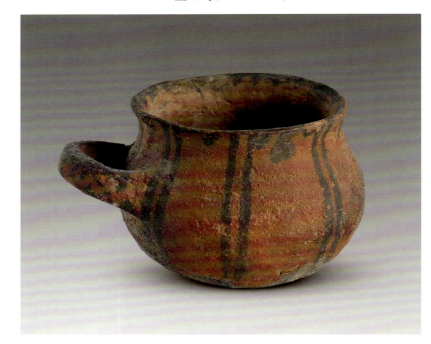

4. B 型 I 式（Ⅰ M58：2）

5. B 型 I 式（Ⅰ M61：2）

6. B 型 I 式（Ⅰ M101：5）

Ⅰ、Ⅲ号墓地出土陶单耳杯

1. Ⅰ式（ⅠM114：1）

2. Ⅰ式（ⅠM179：1）

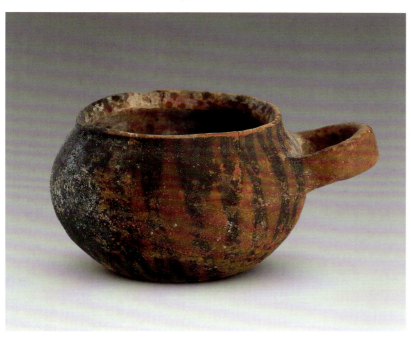

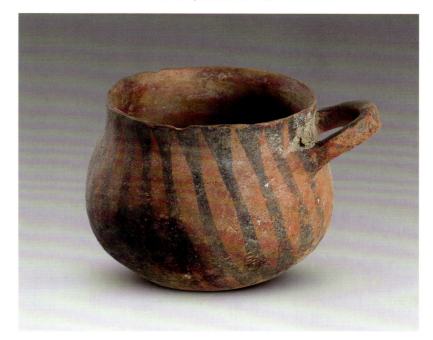

3. Ⅰ式（ⅠM194：8）

4. Ⅰ式（ⅠM198：1）

5. Ⅱ式（ⅠM42：5）

6. Ⅱ式（ⅠM54：1）

Ⅰ号墓地出土 B 型陶单耳杯

1. Ⅰ M60：3

2. Ⅰ M104：1

3. Ⅰ M105：1

4. Ⅰ M111：1

5. Ⅰ M115：1

6. Ⅰ M148：8

Ⅰ号墓地出土 B 型 Ⅱ 式陶单耳杯

1. II式（I M182：6）

2. II式（I M186：5）

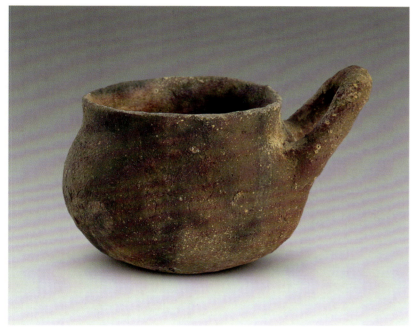

3. II式（I M204：9）

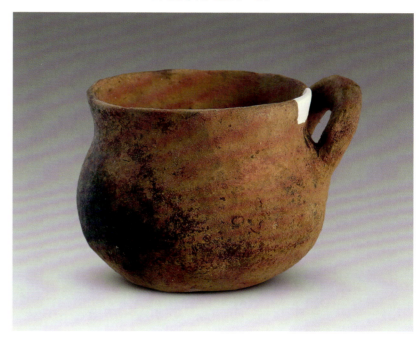

4. III式（II M10：1）

5. III式（II M27：1）

6. III式（II M107：1）

I、II号墓地出土B型陶单耳杯

1. B 型Ⅲ式（Ⅱ M122：1）

2. B 型Ⅲ式（Ⅱ M135：3）

3. B 型Ⅲ式（Ⅱ M178：3）

4. B 型Ⅲ式（Ⅱ M191：2）

5. C 型Ⅰ式（Ⅰ M101：4）

6. C 型Ⅰ式（Ⅰ M136：4）

Ⅰ、Ⅱ号墓地出土陶单耳杯

1. Ⅰ M133：7

2. Ⅰ M201：1

3. Ⅰ M204：3

4. Ⅱ M12：2

5. Ⅱ M38：2

6. Ⅱ M52：4

Ⅰ、Ⅱ号墓地出土 C 型Ⅱ式陶单耳杯

1. Ⅱ M84：4

2. Ⅱ M110：3

3. Ⅱ M117：1

4. Ⅱ M123：2

5. Ⅱ M128：2

6. Ⅱ M132：5

Ⅱ号墓地出土 C 型 Ⅱ 式陶单耳杯

1. Ⅱ式（ⅡM134：4）

2. Ⅱ式（ⅡM135：1）

3. Ⅱ式（ⅡM156：4）

4. Ⅱ式（ⅡM169：7）

5. Ⅲ式（ⅡM23：1）

6. Ⅲ式（ⅡM93：3）

Ⅱ号墓地出土 C 型陶单耳杯

1. Ⅱ M98：8

2. Ⅱ M110：2

3. Ⅱ M121：4

4. Ⅱ M127：4

5. Ⅱ M129：2

6. Ⅱ M132：6

Ⅱ号墓地出土 C 型 Ⅲ 式陶单耳杯

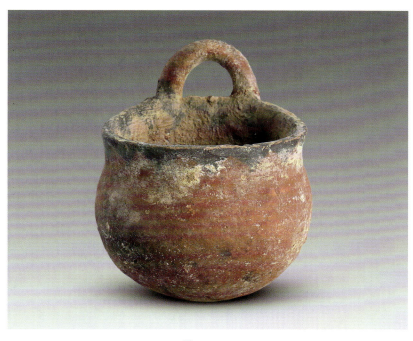

1. Ⅱ M146：2

2. Ⅱ M147：5

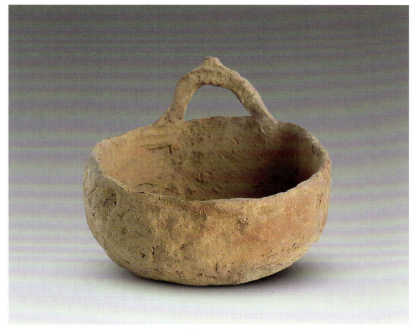

3. Ⅱ M149：4

4. Ⅱ M156：2

5. Ⅱ M156：3

6. Ⅱ M159：1

Ⅱ号墓地出土 C 型Ⅲ式陶单耳杯

1. Ⅱ M162：1

2. Ⅱ M167：1

3. Ⅱ M172：3

4. Ⅱ M173：3

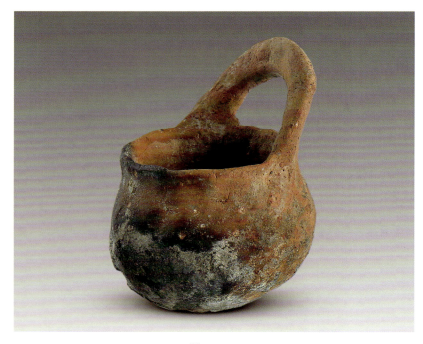

5. Ⅱ M188：1

6. Ⅱ M207：2

Ⅱ号墓地出土 C 型Ⅲ式陶单耳杯

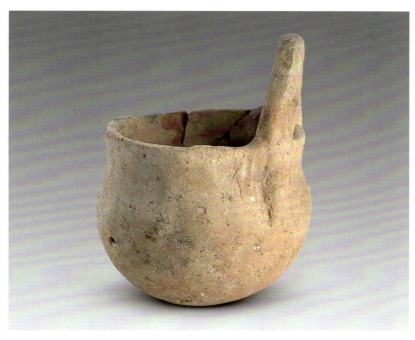

1. C 型Ⅲ式单耳杯（ⅡM209：2）

2. C 型Ⅲ式单耳杯（ⅡM219：4）

3. C 型单耳杯（ⅠM55：2）

4. C 型单耳杯（ⅠM72：2）

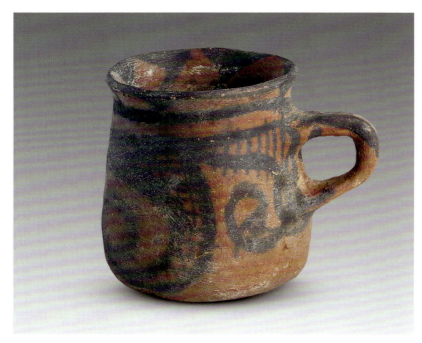

5. 筒形杯（ⅡM205：5）

6. 筒形杯（ⅢM8：2）

Ⅰ～Ⅲ号墓地出土陶单耳杯、筒形杯

1. Ⅲ M13：4

2. Ⅲ M21：9

3. Ⅲ M33：1

4. Ⅲ M37：12

5. Ⅲ M41：1

6. Ⅲ M46：4

Ⅲ号墓地出土陶筒形杯

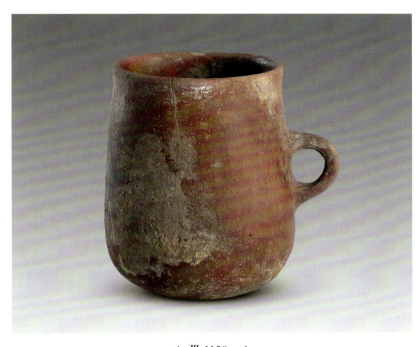

1. Ⅲ M50：1

2. Ⅲ M62：2

3. Ⅲ M71：2

4. Ⅲ M72：2

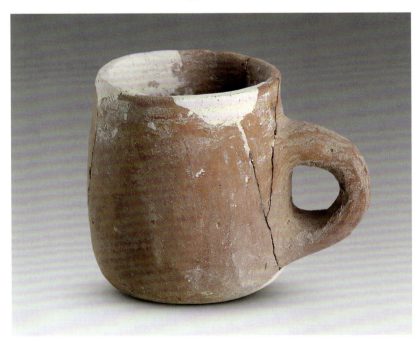

5. Ⅲ M79：2

Ⅲ号墓地出土陶筒形杯

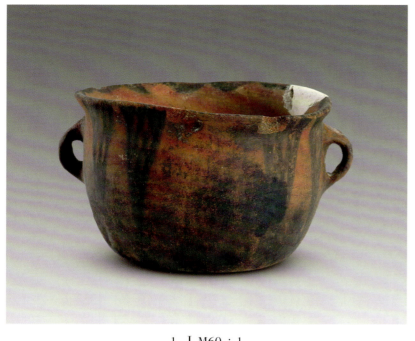

1. Ⅰ M60：1

2. Ⅰ M80：2

3. Ⅰ M105：2

4. Ⅰ M155：5

5. Ⅰ M182：2

6. Ⅱ M107：2

Ⅰ、Ⅱ号墓地出土陶双耳杯

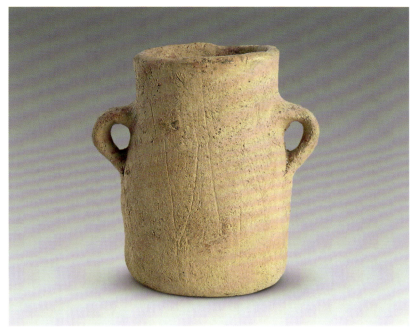

1. 双耳杯（Ⅱ M122：3）

2. 双耳杯（Ⅱ M152：4）

3. 双耳杯（Ⅲ M43：3）

4. 带流杯（Ⅰ M167：5）

5. 带流杯（Ⅰ M167：6）

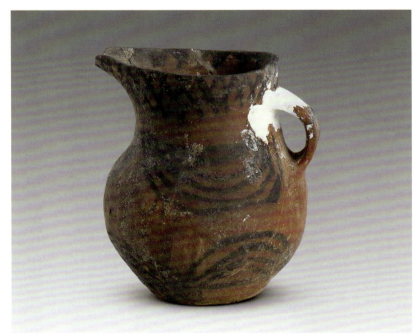

6. 带流杯（Ⅱ M118：2）

Ⅰ～Ⅲ号墓地出土陶双耳杯、带流杯

1. 带流杯（ⅡM145：1）

2. 带流杯（ⅡM154：10）

3. 仿木桶杯（ⅡM124：1）

4. 仿木桶杯（ⅡM211：4）

5. 无耳杯（ⅠM92：1）

6. 无耳杯（ⅠM129：1）

Ⅰ、Ⅱ号墓地出土陶器

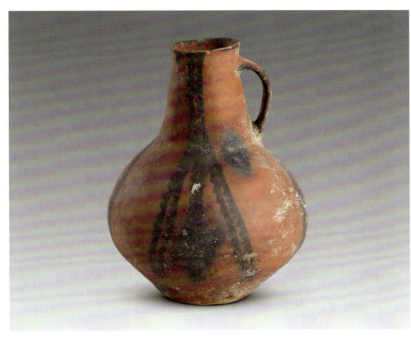

1. I M20：5

2. I M62：8

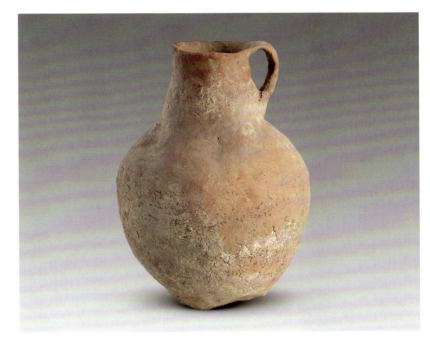

3. I M124：1

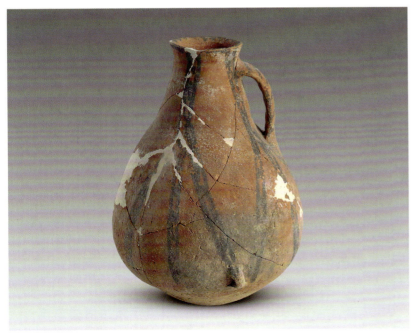

4. I M129：6

5. I M132：3

6. I M133：1

I号墓地出土I式陶单耳壶

1. I式（I M160：1）

2. II式（I M38：3）

3. II式（I M42：14）

4. II式（I M59：1）

5. II式（I M60：2）

6. II式（I M65：1）

I号墓地出土陶单耳壶

1. Ⅰ M74：1

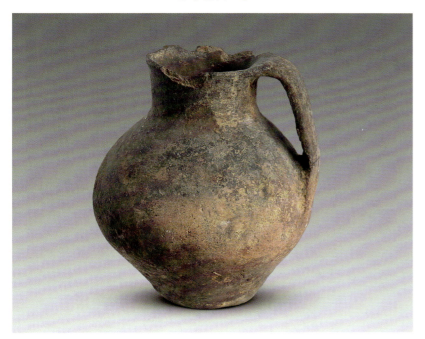

2. Ⅰ M83：7

3. Ⅰ M98：1

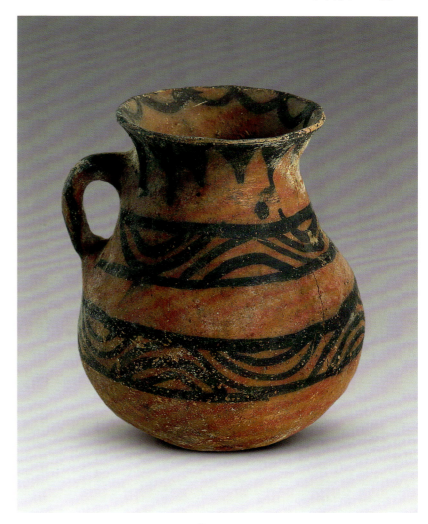

4. Ⅰ M99：1

5. Ⅰ M180：4

Ⅰ号墓地出土Ⅱ式陶单耳壶

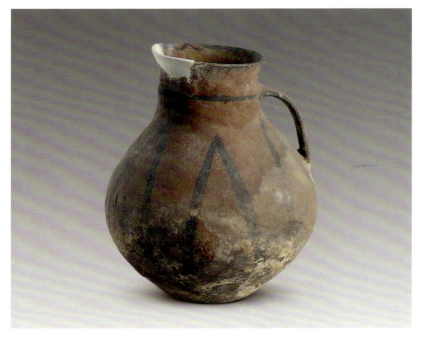

1. Ⅱ式（ⅠM195：1）

2. Ⅱ式（ⅡM144：3）

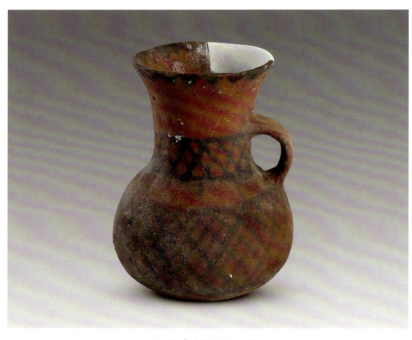

3. Ⅲ式（ⅡM6：2）

4. Ⅲ式（ⅡM19：2）

5. Ⅲ式（ⅡM25：4）

6. Ⅲ式（ⅡM53：2）

Ⅰ、Ⅱ号墓地出土陶单耳壶

1. Ⅱ式（ⅠM164：6）

2. Ⅲ式（ⅡM127：6）

4. Ⅲ式（ⅡM154：7）

3. Ⅲ式（ⅡM154：4）

5. Ⅲ式（ⅡM176：2）

Ⅰ、Ⅱ号墓地出土陶单耳壶

1. Ⅲ式单耳壶（Ⅱ M203：4）

2. Ⅳ式单耳壶（Ⅲ M15：5）

3. 双耳壶（Ⅰ M55：1）

4. 双耳壶（Ⅱ M42：1）

5. 残片（Ⅱ M98：5）

6. 残片（Ⅰ M202：2）

Ⅰ～Ⅲ号墓地出土陶器

1. I式（I M154：1）

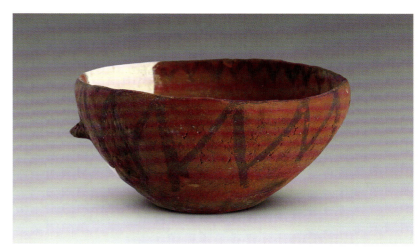

2. II式（I M59：2）

3. II式（I M62：7）

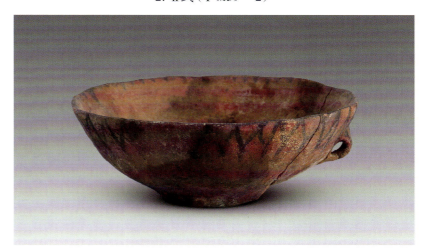

4. II式（I M83：2）

5. II式（I M87：8）

6. II式（I M126：1）

7. II式（I M127：1）

8. II式（I M128：1）

I号墓地出土陶盆

1. Ⅱ式（ⅠM129：5）

2. Ⅱ式（ⅠM132：2）

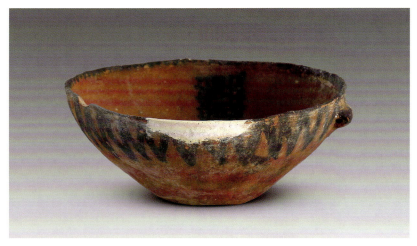

3. Ⅱ式（ⅠM133：3）

4. Ⅱ式（ⅠM160：2）

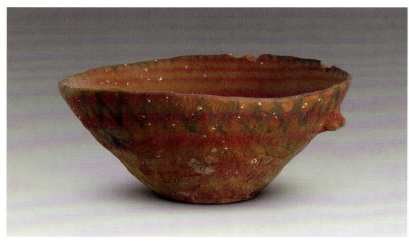

5. Ⅱ式（ⅠM166：1）

6. Ⅱ式（ⅠM181：1）

7. Ⅱ式（ⅠM208：1）

8. Ⅲ式（ⅠM112：1）

Ⅰ号墓地出土陶盆

1. Ⅰ M183：1

2. Ⅰ M206：1

3. Ⅱ M44：3

4. Ⅱ M64：2

5. Ⅱ M87：5

6. Ⅱ M116：1

7. Ⅱ M172：1

8. Ⅱ M205：6

Ⅰ、Ⅱ号墓地出土Ⅲ式陶盆

1. Ⅲ式盆（Ⅱ M206：2）

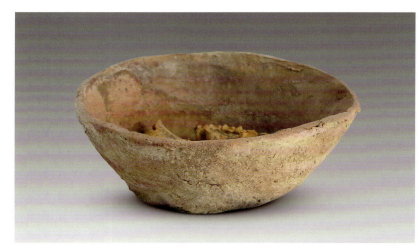

2. Ⅳ式盆（Ⅱ M43：9）

3. Ⅳ式盆（Ⅲ M2：4）

4. Ⅳ式盆（Ⅲ M14：1）

5. Ⅳ式盆（Ⅲ M25：1）

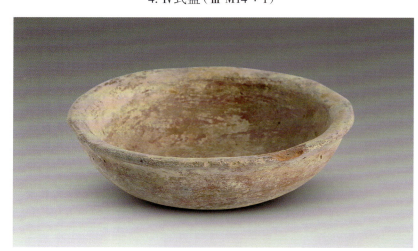

6. Ⅳ式盆（Ⅲ M47：9）

7. 三足盆（Ⅲ M8：1）

8. 三足盆（Ⅲ M32：2）

Ⅱ、Ⅲ号墓地出土陶器

1. Ⅲ式（ⅡM73：1）

2. Ⅲ式（ⅡM195：5）

3. Ⅲ式（ⅡM196：4）

4. Ⅲ式（ⅡM198：1）

5. Ⅲ式（ⅡM199：5）

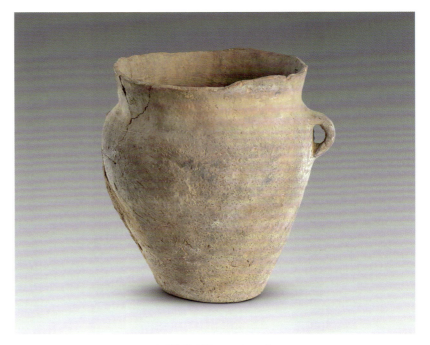

6. Ⅳ式（ⅡM106：1）

Ⅱ号墓地出土陶釜

1. Ⅳ式（ⅡM202∶1）

2. Ⅳ式（ⅡM205∶3）

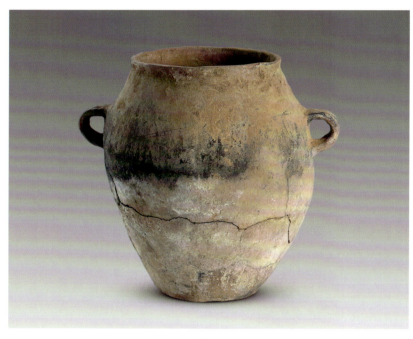

3. Ⅴ式（ⅢM17∶1）

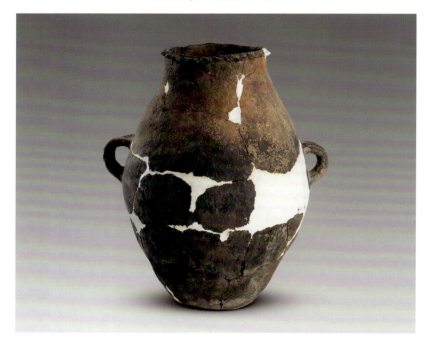

4. Ⅴ式（ⅢM24∶4）

5. Ⅴ式（ⅢM36∶1）

6. ⅡM206∶1

Ⅱ、Ⅲ号墓地出土陶釜

1. V式釜（Ⅲ M60：5）

4. 钵（Ⅰ M27：2）

5. 钵（Ⅰ M27：3）

2. 坩埚（Ⅲ M24：7）

6. 钵（Ⅰ M35：1）

3. 钵（Ⅰ M8：11）

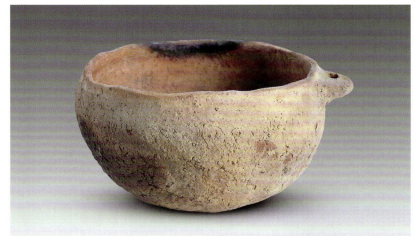

7. 钵（Ⅰ M43：4）

Ⅰ、Ⅲ号墓地出土陶器

1. Ⅰ M83：3

2. Ⅰ M106：4

3. Ⅰ M106：5

4. Ⅰ M131：3

5. Ⅰ M183：3

6. Ⅰ M184：1

7. Ⅱ M13：8

8. Ⅱ M13：12

Ⅰ、Ⅱ号墓地出土陶钵

1. Ⅱ M48：5

2. Ⅱ M52：5

3. Ⅱ M53：1

4. Ⅱ M88：2

5. Ⅱ M98：6

6. Ⅱ M108：5

7. Ⅱ M119：1

8. Ⅱ M121：9

Ⅱ号墓地出土陶钵

1. Ⅱ M127：2

2. Ⅱ M135：4

3. Ⅱ M144：2

4. Ⅱ M145：2

5. Ⅱ M146：1

6. Ⅱ M149：3

7. Ⅱ M163：6

8. Ⅱ M167：2

Ⅱ号墓地出土陶钵

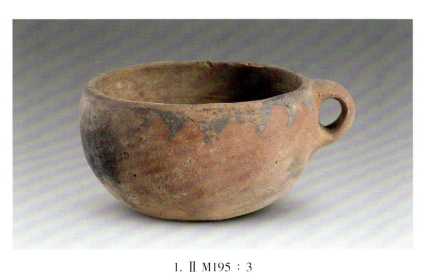

1. Ⅱ M195：3

2. Ⅱ M198：2

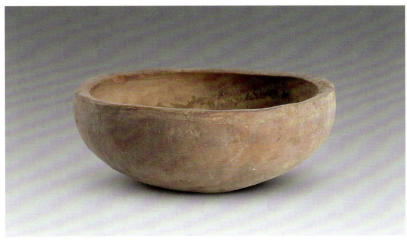

3. Ⅱ M205：4

4. Ⅱ M208：2

5. Ⅲ M3：7

6. Ⅲ M13：3

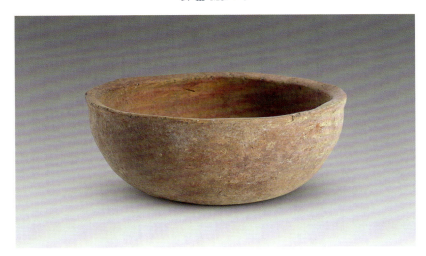

7. Ⅲ M18：2

8. Ⅲ M19：1

Ⅱ、Ⅲ号墓地出土陶钵

1. Ⅲ M21：11

2. Ⅲ M30：4

3. Ⅲ M31：1

4. Ⅲ M35：6

5. Ⅲ M39：4

6. Ⅲ M47：3

7. Ⅲ M47：7

8. Ⅲ M48：4

Ⅲ号墓地出土陶钵

1. Ⅲ M58：4

2. Ⅲ M59：4

3. Ⅲ M63：4

4. Ⅲ M67：5

5. Ⅲ M67：6

6. Ⅲ M73：3

7. Ⅲ M74：3

8. Ⅲ M74：6

Ⅲ号墓地出土陶钵

1. 钵（Ⅲ M77：3）

2. 碗（Ⅰ M42：1）

3. 碗（Ⅰ M133：8）

4. 碗（Ⅰ M138：2）

5. 碗（Ⅰ M141：1）

6. 碗（Ⅰ M144：3）

7. 碗（Ⅰ M152：1）

8. 碗（Ⅰ M169：1）

Ⅰ、Ⅲ号墓地出土陶钵、碗

1. Ⅰ M182：1

2. Ⅰ M187：1

3. Ⅱ M1：2

4. Ⅱ M49：2

5. Ⅱ M143：1

6. Ⅱ M147：3

7. Ⅱ M167：3

8. Ⅱ M182：1

Ⅰ、Ⅱ号墓地出土陶碗

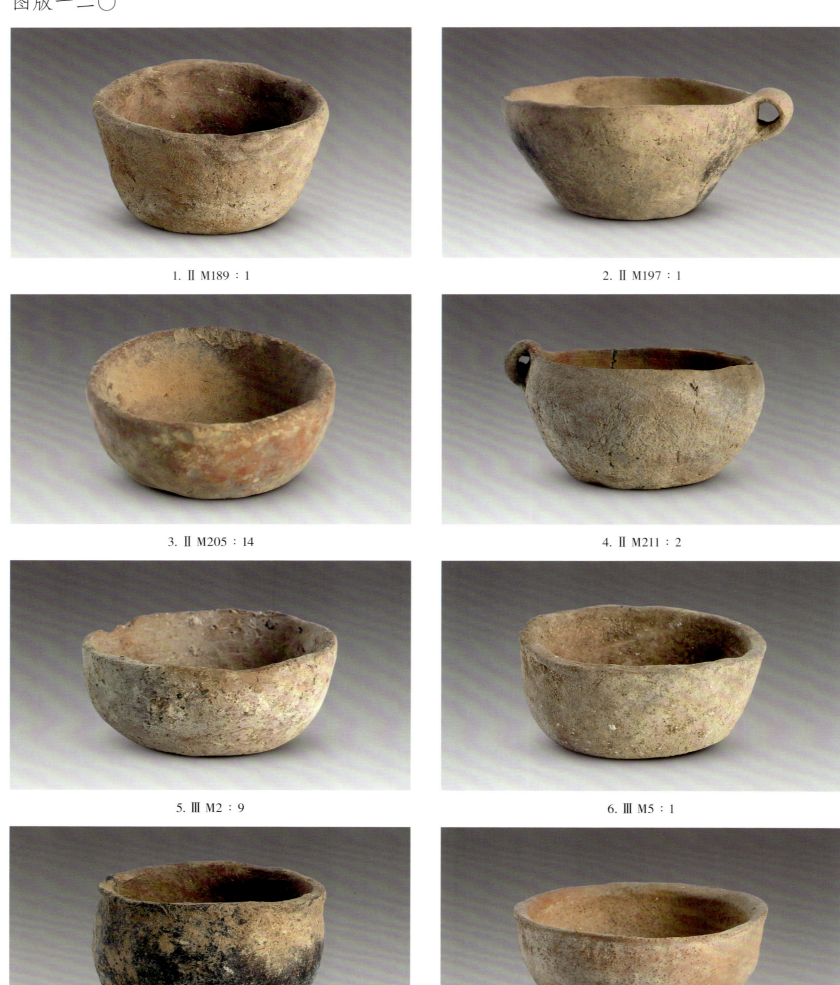

1. Ⅱ M189：1

2. Ⅱ M197：1

3. Ⅱ M205：14

4. Ⅱ M211：2

5. Ⅲ M2：9

6. Ⅲ M5：1

7. Ⅲ M6：1

8. Ⅲ M16：3

Ⅱ、Ⅲ号墓地出土陶碗

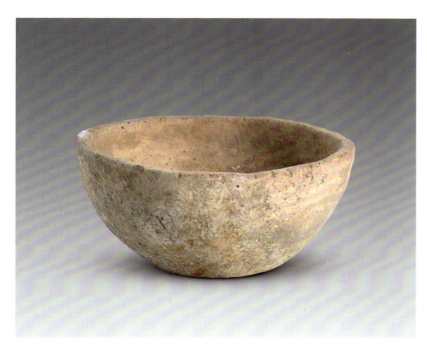

1. Ⅲ M24：2

2. Ⅲ M29：3

3. Ⅲ M30：6

4. Ⅲ M42：1

5. Ⅲ M58：5

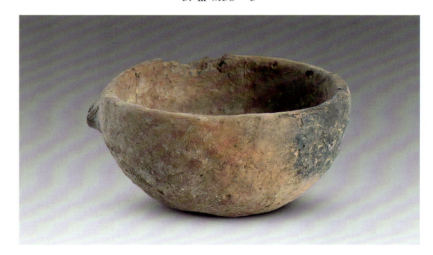

6. Ⅲ M64：1

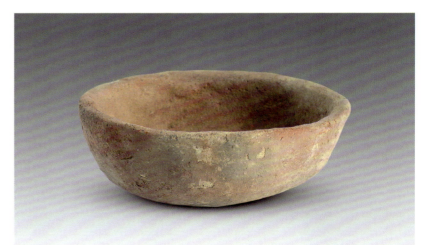

7. Ⅲ M75：1

Ⅲ号墓地出土陶碗

1. 碗（Ⅲ M76：2）

2. 盘（Ⅰ M8：3）

3. 盘（Ⅰ M23：7）

4. 盘（Ⅰ M55：3）

5. 盘（Ⅱ M59：1）

6. 盘（Ⅲ M9：8）

7. 盘（Ⅲ M74：2）

Ⅰ～Ⅲ号墓地出土陶碗、盘

1. Ⅰ式（ⅠM8：1）

3. Ⅰ式（ⅠM169：2）

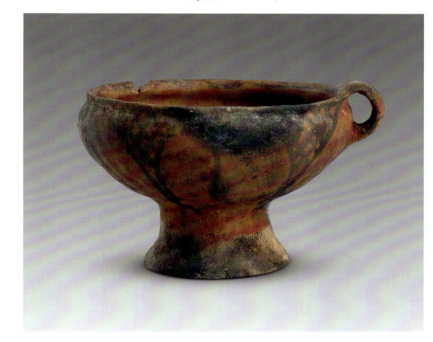

2. Ⅰ式（（ⅠM74：3）

4. Ⅱ式（ⅠM13：1）

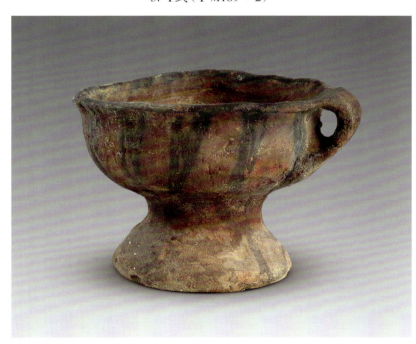

5. Ⅱ式（ⅡM131：2）

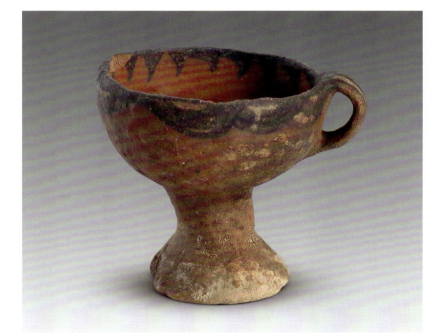

6. Ⅲ式（ⅡM68：1）

Ⅰ、Ⅱ号墓地出土陶圈足盘

1. Ⅲ式（ⅡM160：1）

2. Ⅳ式（ⅢM47：5）

3. ⅠM25：4

4. ⅠM43：2

5. ⅠM84：2

6. ⅡM44：7

7. ⅡM144：6

8. ⅡM196：3

Ⅰ～Ⅲ号墓地出土陶圈足盘

1. 四足盘（Ⅰ M46：1）

2. 四足盘（Ⅰ M123：1）

3. 勺（Ⅱ M211：5）

4. 轮（Ⅰ M139：2）

5. 纺轮（Ⅱ M23：4）

6. 纺轮（Ⅱ M211：15）

7. 纺轮（Ⅱ M15：4）

8. 陶花押（Ⅰ M75：2）

Ⅰ、Ⅱ号墓地出土陶器

1. I式（I M49：5）

2. I式（I M87：3）

3. II式（I M83：1）

4. II式（I M60：8）

5. II式（I M23：4）

I号墓地出土木桶

1. ⅠM84：1

2. ⅠM84：1（局部）

3. ⅠM133：2

4. ⅠM158：1

5. ⅠM163：1

Ⅰ号墓地出土Ⅱ式木桶

1. Ⅰ M204：1

2. Ⅰ M218：2

3. Ⅱ M42：3

4. Ⅱ M57：1

5. Ⅱ M58：2

6. Ⅱ M169：6

Ⅰ、Ⅱ号墓地出土Ⅱ式木桶

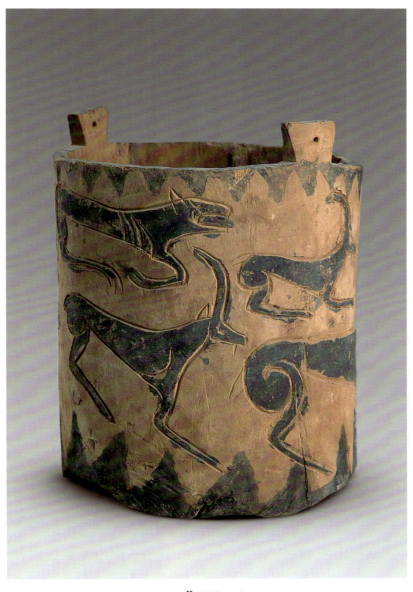

1. Ⅱ M73：4

3. Ⅱ M140：10

4. Ⅱ M136：1

2. Ⅱ M140：10

5. Ⅱ M147：1

Ⅱ号墓地出土Ⅲ式木桶

1. Ⅲ式（Ⅱ M168：1）

2. Ⅲ式（Ⅱ M185：1）

3. Ⅲ式（Ⅱ M204：1）

4. Ⅳ式（Ⅲ M20：3）

5. Ⅳ式（Ⅲ M26：7）

6. Ⅰ M82：3

Ⅰ ～ Ⅲ号墓地出土木桶

1. Ⅰ M3：4

2. Ⅰ M9：3

3. Ⅰ M20：1

4. Ⅰ M24：1

5. Ⅰ M49：6

6. Ⅰ M56：2

7. Ⅰ M57：1

8. Ⅰ M58：7

Ⅰ号墓地出土Ⅰ式木盘

1. Ⅰ M61：3

2. Ⅰ M62：6

3. Ⅰ M110：1

4. Ⅰ M117：2

5. Ⅰ M121：1

6. Ⅰ M173：2

7. Ⅰ M186：2

8. Ⅰ M188：1

Ⅰ号墓地出土Ⅰ式木盘

1. Ⅰ M189：2

2. Ⅰ M203：1

3. Ⅱ M1：1

4. Ⅱ M13：7

5. Ⅱ M86：1

6. Ⅱ M92：9

7. Ⅱ M132：1

8. Ⅱ M140：4

Ⅰ、Ⅱ号墓地出土Ⅰ式木盘

1. I式（Ⅱ M219：7）

2. I式（Ⅲ M16：1）

3. Ⅱ式（I M75：5）

4. Ⅱ式（I M94：1）

5. Ⅱ式（I M103：6）

6. Ⅱ式（I M105：3）

7. Ⅱ式（I M106：6）

8. Ⅱ式（I M155：7）

Ⅰ～Ⅲ号墓地出土木盘

1. Ⅰ M170：1

2. Ⅰ M195：2

3. Ⅰ M196：1

4. Ⅱ M5：1

5. Ⅱ M18：3

6. Ⅱ M20：1

7. Ⅱ M22：1

Ⅰ、Ⅱ号墓地出土Ⅱ式木盘

1. Ⅱ M23：5

2. Ⅱ M27：4

3. Ⅱ M30：4

4. Ⅱ M33：2

5. Ⅱ M56：2

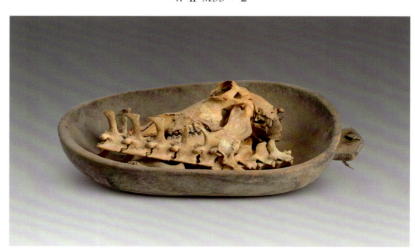

6. Ⅱ M60：7

7. Ⅱ M65：6

8. Ⅱ M72：2

Ⅱ号墓地出土Ⅱ式木盘

1. ⅡM79：1

2. ⅡM84：3

3. ⅡM95：1

4. ⅡM104：1

5. ⅡM109：2

6. ⅡM122：4

7. ⅡM130：1

8. ⅡM138：1

Ⅱ号墓地出土Ⅱ式木盘

1. Ⅱ M150：6

2. Ⅱ M151：1

3. Ⅱ M157：6

4. Ⅱ M158：3

5. Ⅱ M159：5

6. Ⅱ M159：9

7. Ⅱ M163：2

8. Ⅱ M164：5

Ⅱ号墓地出土Ⅱ式木盘

1. Ⅱ式（Ⅱ M166：1）

2. Ⅱ式（Ⅱ M176：1）

3. Ⅱ式（Ⅱ M178：1）

4. Ⅱ M178：4

5. Ⅱ式（Ⅱ M178：5）

6. Ⅱ式（Ⅱ M182：4）

7. Ⅱ式（Ⅱ M203：2）

8. Ⅱ式（Ⅱ M204：2）

Ⅱ号墓地出土木盘

1. Ⅱ式（Ⅲ M1∶6）

2. Ⅱ式（Ⅲ M13∶2）

3. Ⅱ式（Ⅲ M23∶1）

4. Ⅱ式（Ⅲ M59∶7）

5. Ⅲ式（Ⅱ M43∶7）

6. Ⅲ式（Ⅱ M211∶13）

7. Ⅲ式（Ⅱ M82∶1）

8. Ⅲ式（Ⅱ M82∶1）（底部）

Ⅱ、Ⅲ号墓地出土木盘

1. Ⅱ M87：3

2. Ⅱ M211：1

3. Ⅲ M3：2

4. Ⅲ M35：1

5. Ⅲ M71：1

6. Ⅲ M72：5

7. Ⅲ M73：2

8. Ⅲ M76：3

Ⅱ、Ⅲ号墓地出土Ⅲ式木盘

1. 四足盘（ⅡM17：1）

2. 四足盘（ⅡM42：2）

3. 四足盘（ⅡM192：4）

4. Ⅰ式钵（ⅠM116：1）

5. Ⅰ式钵（ⅠM145：3）

6. Ⅰ式钵（ⅠM146：1）

7. Ⅰ式钵（ⅠM149：8）

8. Ⅱ式钵（ⅠM4：6）

Ⅰ、Ⅱ号墓地出土木四足盘、钵

1. I M7：3

2. I M25：5

3. I M60：4

4. I M119：1

5. I M136：5

6. I M164：7

7. I M204：2

8. II M50：2

I、II号墓地出土II式木钵

1. Ⅱ式（Ⅱ M149：1）

2. Ⅲ式（Ⅰ M202：1）

3. Ⅲ式（Ⅱ M43：1）

4. Ⅲ式（Ⅱ M56：3）

5. Ⅲ式（Ⅱ M81：2）

6. Ⅲ式（Ⅱ M91：1）

7. Ⅲ式（Ⅱ M159：2）

8. Ⅲ式（Ⅱ M162：2）

Ⅰ、Ⅱ号墓地出土木钵

1. Ⅲ式钵（Ⅱ M169：1）

2. Ⅲ式钵（Ⅲ M21：10）

3. 钵（Ⅰ M150：1）

4. 盒（Ⅰ M151：1）

5. 盒（Ⅰ M201：7）

6. 盒（Ⅲ M18：12）

7. 盒（Ⅲ M79：5）

8. 盆（Ⅰ M19：3）

Ⅰ～Ⅲ号墓地出土木器

1. 盆（ⅠM25：3）

2. 盆（ⅠM90：10）

3. 盆（ⅡM20：3）

4. 盆（匜）（ⅡM43：8）

5. 杯（ⅠM2：1）

6. 杯（ⅠM2：3）

Ⅰ、Ⅱ号墓地出土木盆、杯

1. 杯（Ⅰ M177：1）

2. 杯（Ⅱ M78：3）

3. 杯（Ⅱ M172：8）

4. 耳杯（Ⅲ M29：2）

5. 豆（Ⅱ M48：1）

6. 豆（Ⅲ M25：8）

Ⅰ～Ⅲ号墓地出土木器

1. 碗（Ⅰ M62：1）

2. 碗（Ⅰ M82：1）

3. 碗（Ⅱ M102：2）

4. 勺（Ⅱ M194：2）

5. 勺（Ⅲ M39：1）

6. 单耳罐（Ⅲ M1：5）

Ⅰ～Ⅲ号墓地出土木器

1. Ⅰ M47：4　　　　　　2. Ⅰ M60：7　　　　　　3. Ⅰ M87：9

4. Ⅰ M118：2　　　　　　5. Ⅰ M140：2　　　　　　6. Ⅰ M141：6

7. Ⅰ M144：2　　　　　　8. Ⅰ M152：2　　　　　　9. Ⅰ M154：2

Ⅰ号墓地出土 A 型Ⅰ式木梳

1. Ⅰ式（ⅠM156：2）　　　　2. Ⅰ式（ⅠM172：1）　　　　3. Ⅰ式（ⅠM218：3）

4. Ⅱ式（ⅠM23：5）　　　　5. Ⅱ式（ⅠM29：7）　　　　6. Ⅱ式（ⅠM37：2）

7. Ⅱ式（ⅠM58：4）　　　　8. Ⅱ式（ⅠM72：3）　　　　9. Ⅱ式（ⅠM88：2）

Ⅰ号墓地出土 A 型木梳

1. Ⅰ M107：3

2. Ⅰ M127：2

3. Ⅰ M133：6

4. Ⅰ M158：5

5. Ⅰ M180：3

6. Ⅰ M182：4

7. Ⅰ M186：3

8. Ⅰ M196：4

9. Ⅰ M198：5

Ⅰ号墓地出土 A 型 Ⅱ 式木梳

1. Ⅰ M200：1

2. Ⅰ M204：5

3. Ⅱ M2：6

4. Ⅱ M13：9

5. Ⅱ M15：3

6. Ⅱ M17：4

7. Ⅱ M34：3

8. Ⅱ M55：1

9. Ⅱ M65：5

Ⅰ、Ⅱ号墓地出土 A 型Ⅱ式木梳

1. A 型 II 式（II M65：7）

2. A 型 II 式（II M70：1）

3. A 型 II 式（II M87：4）

4. A 型 II 式（II M108：1）

5. A 型 II 式（II M131：5）

6. A 型 II 式（II M140：3）

7. A 型 III 式（II M97：1）

8. A 型 III 式（III M29：4）

9. B 型 IV 式（III M71：7）

II 、III 号墓地出土木梳

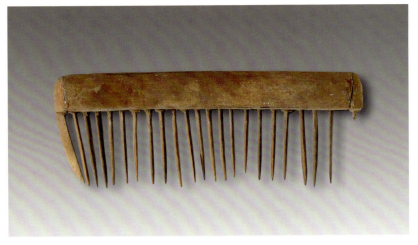

1. I式（I M109：2）

2. I式（I M158：2）

3. I式（II M25：3）

4. II式（II M19：3）

5. II式（II M24：4）

6. III式（II M128：3）

7. III式（II M170：1）

8. III式（II M222：3）

I、II号墓地出土B型木梳

1. 簪（Ⅰ M109：3）　　2. 簪（Ⅱ M34：4）　　3. 簪（Ⅱ M92：11）　　4. 簪（Ⅲ M79：4）

5. 冠饰（Ⅲ M2：15）

6. 冠饰（Ⅲ M60：3）　　7. 冠饰（Ⅲ M18：16）　　8. 冠饰（Ⅲ M18：16）

Ⅰ～Ⅲ号墓地出土木簪、冠饰

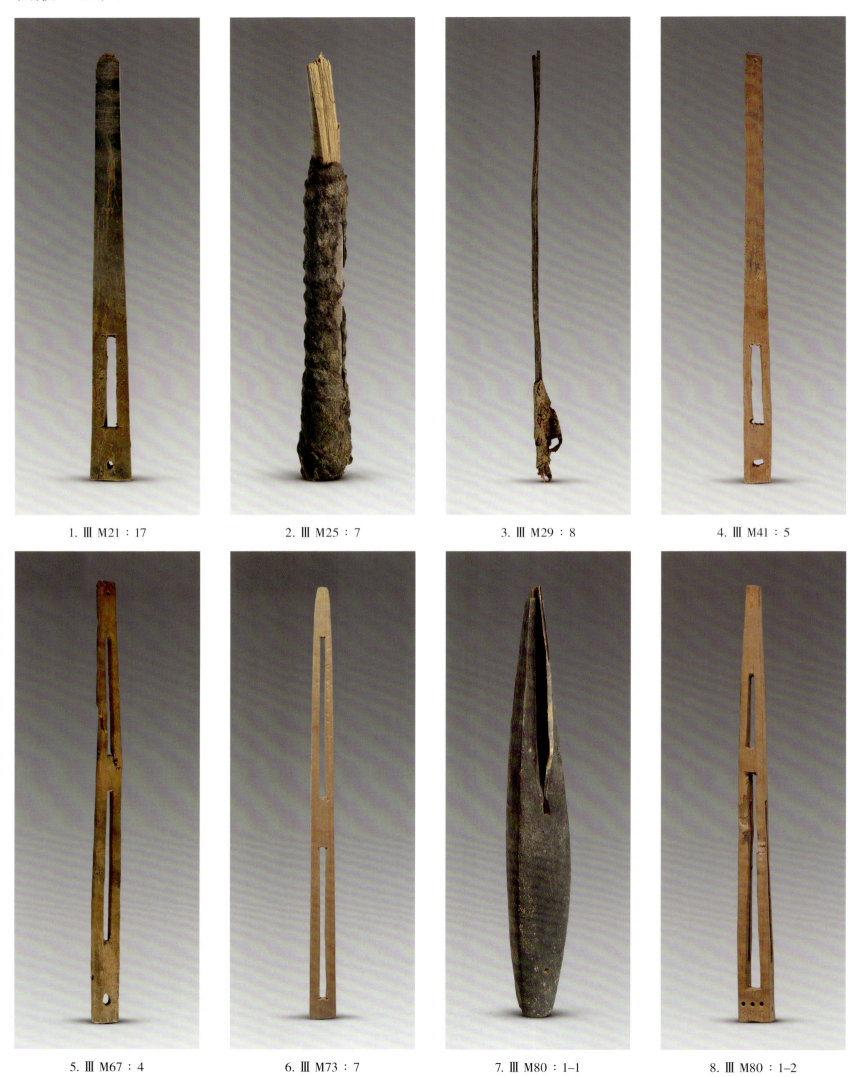

1. Ⅲ M21：17        2. Ⅲ M25：7        3. Ⅲ M29：8        4. Ⅲ M41：5

5. Ⅲ M67：4        6. Ⅲ M73：7        7. Ⅲ M80：1-1        8. Ⅲ M80：1-2

Ⅲ号墓地出土木冠饰

1. Ⅰ M100：7

2. Ⅰ M103：9

3. Ⅰ M196：6

4. Ⅱ M20：5

5. Ⅱ M40：3

6. Ⅱ M14：4

7. Ⅱ M23：7

8. Ⅱ M138：13

9. Ⅲ M11：2

Ⅰ～Ⅲ号墓地出土木扣

1. 木扣（Ⅱ M152：9）

4. Ⅰ式弓（Ⅰ M143：2）

5. Ⅰ式弓（Ⅰ M217：1）

2. 木扣（Ⅲ M44：7）

6. Ⅱ式弓（Ⅱ M143：5）

3. 木扣（Ⅲ M51：3）

7. Ⅱ式弓（Ⅱ M145：3）

Ⅰ～Ⅲ号墓地出土木扣、弓

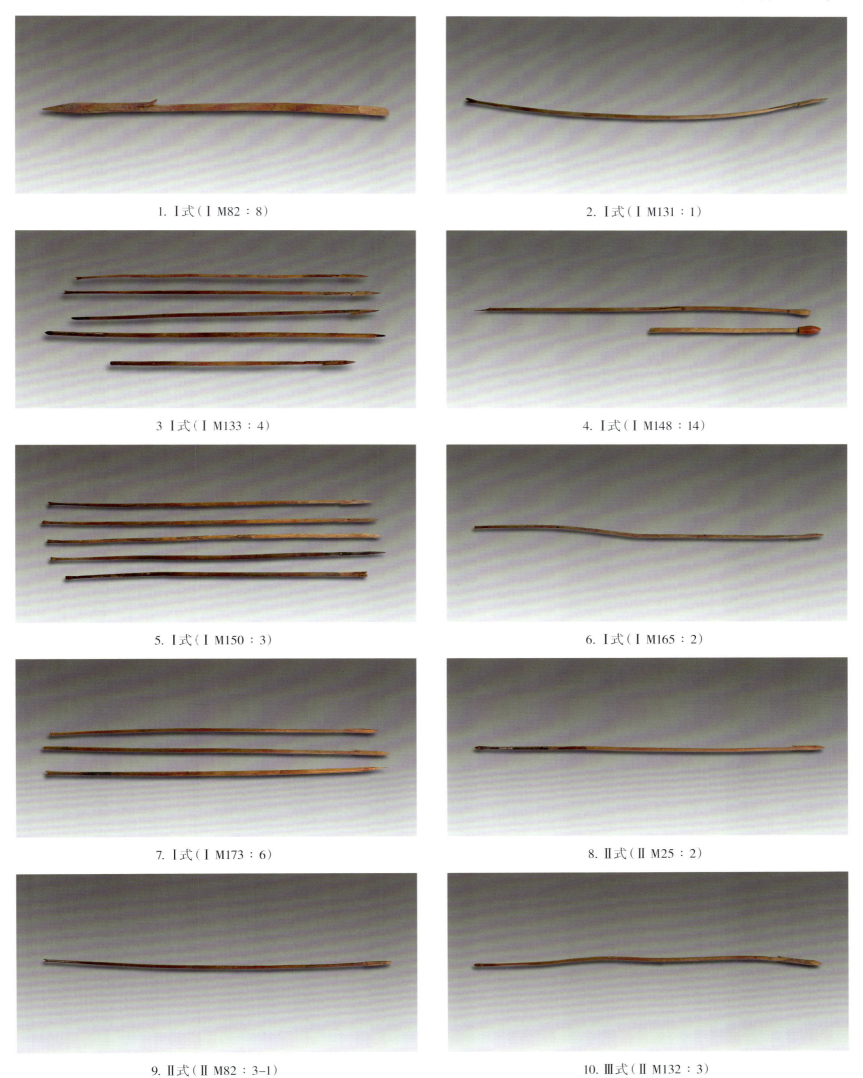

1. Ⅰ式（ⅠM82：8）

2. Ⅰ式（ⅠM131：1）

3 Ⅰ式（ⅠM133：4）

4. Ⅰ式（ⅠM148：14）

5. Ⅰ式（ⅠM150：3）

6. Ⅰ式（ⅠM165：2）

7. Ⅰ式（ⅠM173：6）

8. Ⅱ式（ⅡM25：2）

9. Ⅱ式（ⅡM82：3-1）

10. Ⅲ式（ⅡM132：3）

Ⅰ、Ⅱ号墓地出土木箭

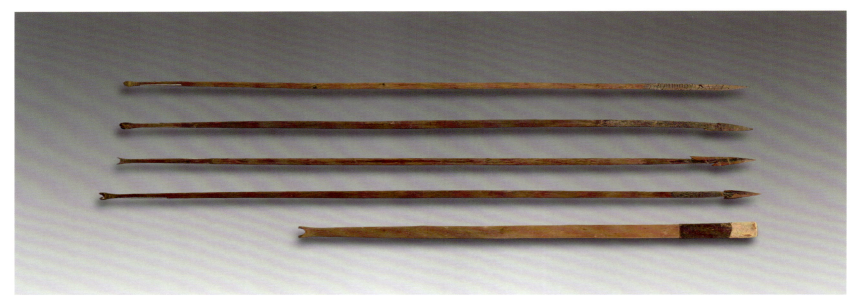

1. Ⅰ式（Ⅰ M90∶9）（最小一件为钻柱）

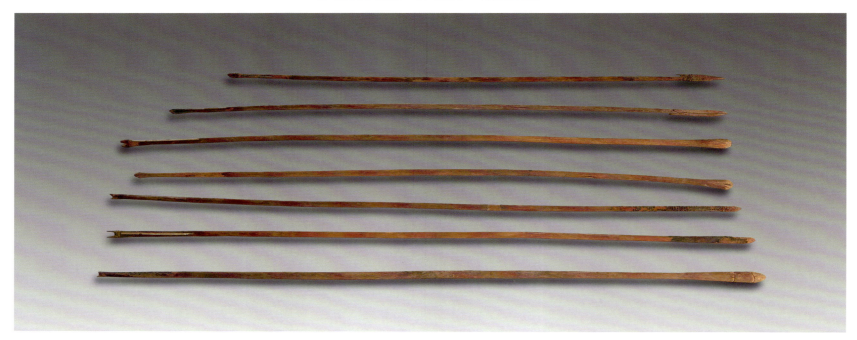

2. Ⅱ式（Ⅱ M13∶4）

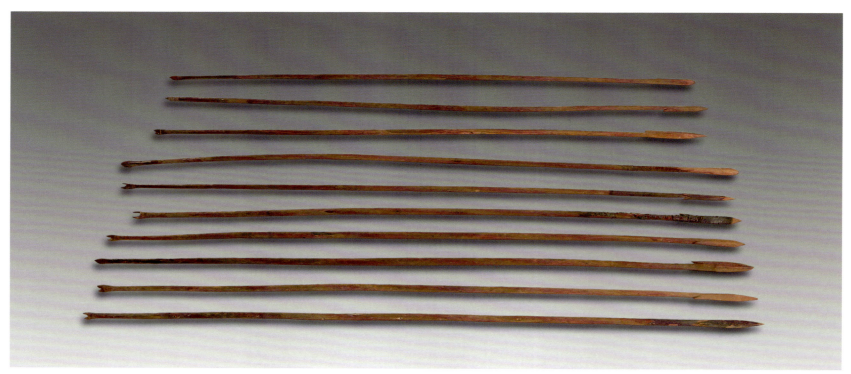

3. Ⅱ式（Ⅱ M140∶7）

Ⅰ、Ⅱ号墓地出土木箭

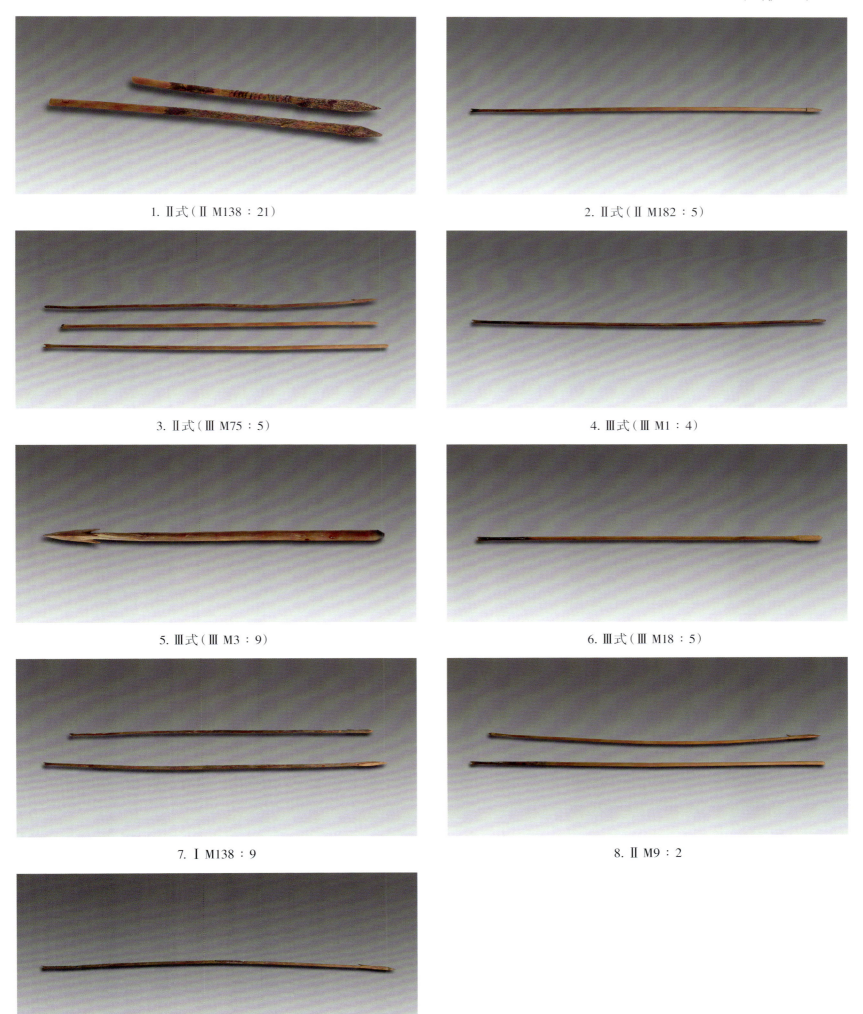

1. Ⅱ式（Ⅱ M138：21）

2. Ⅱ式（Ⅱ M182：5）

3. Ⅱ式（Ⅲ M75：5）

4. Ⅲ式（Ⅲ M1：4）

5. Ⅲ式（Ⅲ M3：9）

6. Ⅲ式（Ⅲ M18：5）

7. Ⅰ M138：9

8. Ⅱ M9：2

9. Ⅱ M12：4

Ⅰ～Ⅲ号墓地出土木箭

1. Ⅰ式镳（Ⅰ M6：7-1）

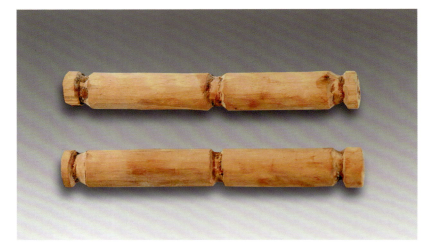

2. Ⅰ式镳（Ⅰ M208：5、6）

3. Ⅱ式镳（Ⅰ M95：7）

4. Ⅱ式镳（Ⅰ M104：3）

5. Ⅲ式镳（Ⅱ M2：4）

6. Ⅲ式镳（Ⅱ M138：18）

7. Ⅳ式镳（Ⅲ M17：6）

8. 衔（Ⅱ M152：7）

9. Ⅳ式镳（Ⅱ M152：14）

Ⅰ～Ⅲ号墓地出土木镳、衔

1. Ⅰ式（ⅠM29：13）

2. Ⅱ式（ⅠM28：3）

3. Ⅱ式（ⅠM100：2）

4. Ⅱ式（ⅠM100：5）

5. Ⅱ式（ⅠM117：5）

6. Ⅱ式（ⅠM148：4）

7. Ⅱ式（ⅠM164：4）

8. Ⅱ式（ⅡM85：2）

9. Ⅲ式（ⅠM197：1）

10. Ⅲ式（ⅡM14：6）

Ⅰ、Ⅱ号墓地出土木撑板

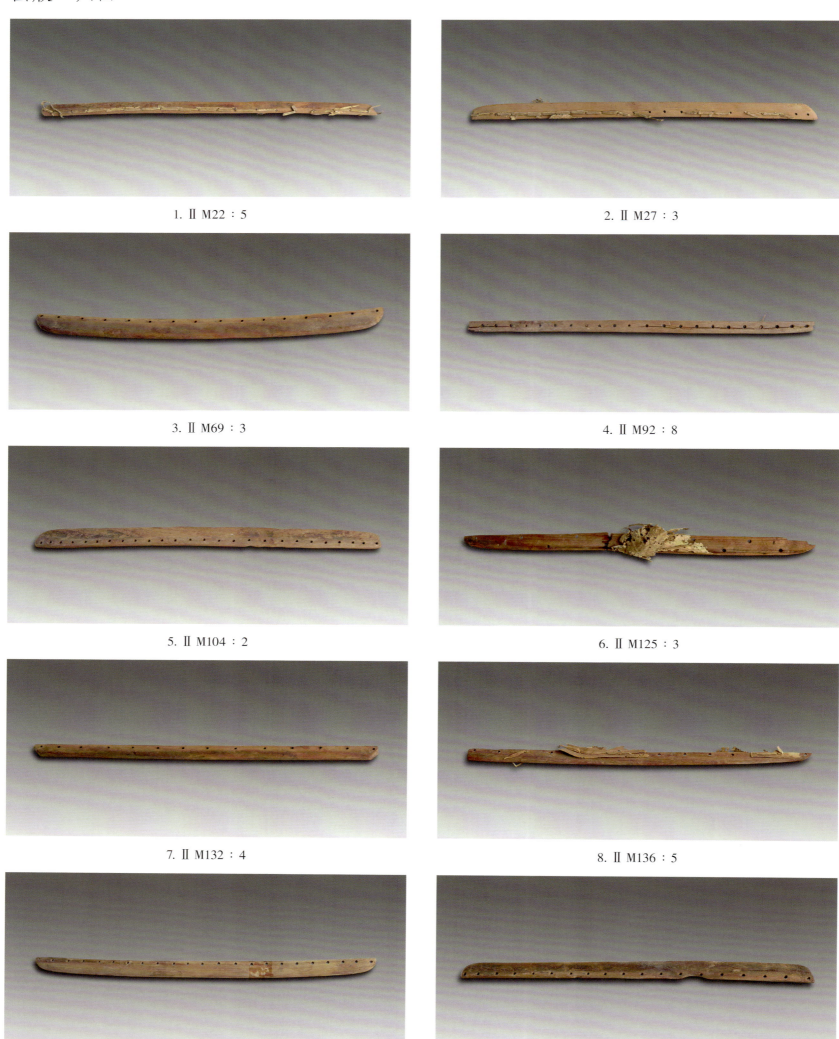

1. Ⅱ M22：5

2. Ⅱ M27：3

3. Ⅱ M69：3

4. Ⅱ M92：8

5. Ⅱ M104：2

6. Ⅱ M125：3

7. Ⅱ M132：4

8. Ⅱ M136：5

9. Ⅱ M152：5

10. Ⅱ M169：3

Ⅱ号墓地出土Ⅲ式木撑板

1. Ⅲ式撑板（Ⅱ M183：3）

2. Ⅲ式撑板（Ⅲ M16：8）

3. Ⅲ式撑板（Ⅲ M25：10）

4. Ⅲ式撑板（Ⅲ M39：10）

5. Ⅰ式取火板（Ⅰ M11：19）

6. Ⅰ式取火板（Ⅰ M30：2）

7. Ⅰ式取火板（Ⅰ M138：3）

8. Ⅰ式取火板（Ⅰ M139：3）

9. Ⅰ式取火板（Ⅱ M14：1）

10. Ⅰ式取火板（Ⅲ M50：5）

Ⅰ～Ⅲ号墓地出土木撑板、取火板

1. Ⅱ式取火板（ⅡM2：5）

2. Ⅱ式取火板（ⅡM54：1）

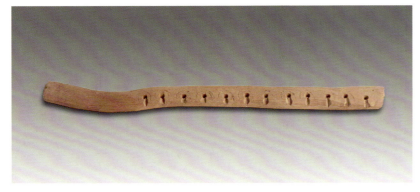

3. Ⅱ式取火板（ⅡM104：4）

4. Ⅱ式取火板（ⅡM116：2）

5. Ⅲ式取火板（ⅢM64：11）

6. 取火棒（ⅠM117：4）

7. 取火棒（ⅠM138：7）

8. 取火棒（ⅢM12：3）

9. 钻木取火器（ⅡM92：12）

10. 钻木取火器（ⅢM64：10）

Ⅰ~Ⅲ号墓地出土木器

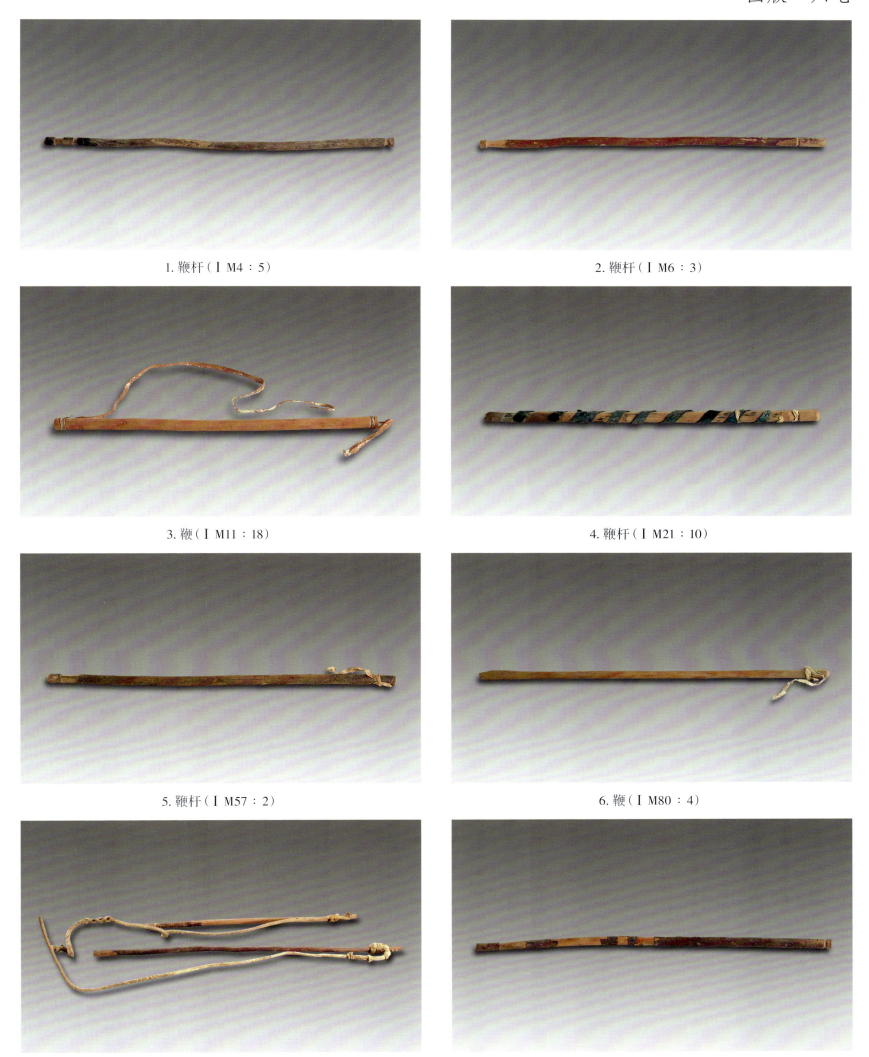

1. 鞭杆（ⅠM4：5）

2. 鞭杆（ⅠM6：3）

3. 鞭（ⅠM11：18）

4. 鞭杆（ⅠM21：10）

5. 鞭杆（ⅠM57：2）

6. 鞭（ⅠM80：4）

7. 鞭（ⅠM90：5）

8. 鞭杆（ⅠM94：5）

Ⅰ号墓地出土木鞭、鞭杆

1. 鞭（ⅠM119：3）

2. 鞭杆（ⅠM119：5-1）

3. 鞭杆（ⅠM133：15）

4. 鞭杆（ⅠM148：7）

5. 鞭杆（ⅠM149：2）

6. 鞭杆（ⅠM155：16）

7. 鞭杆（ⅠM157：7）

8. 鞭杆（ⅠM204：6）

9. 鞭（ⅠM213：6）

Ⅰ号墓地出土木鞭、鞭杆

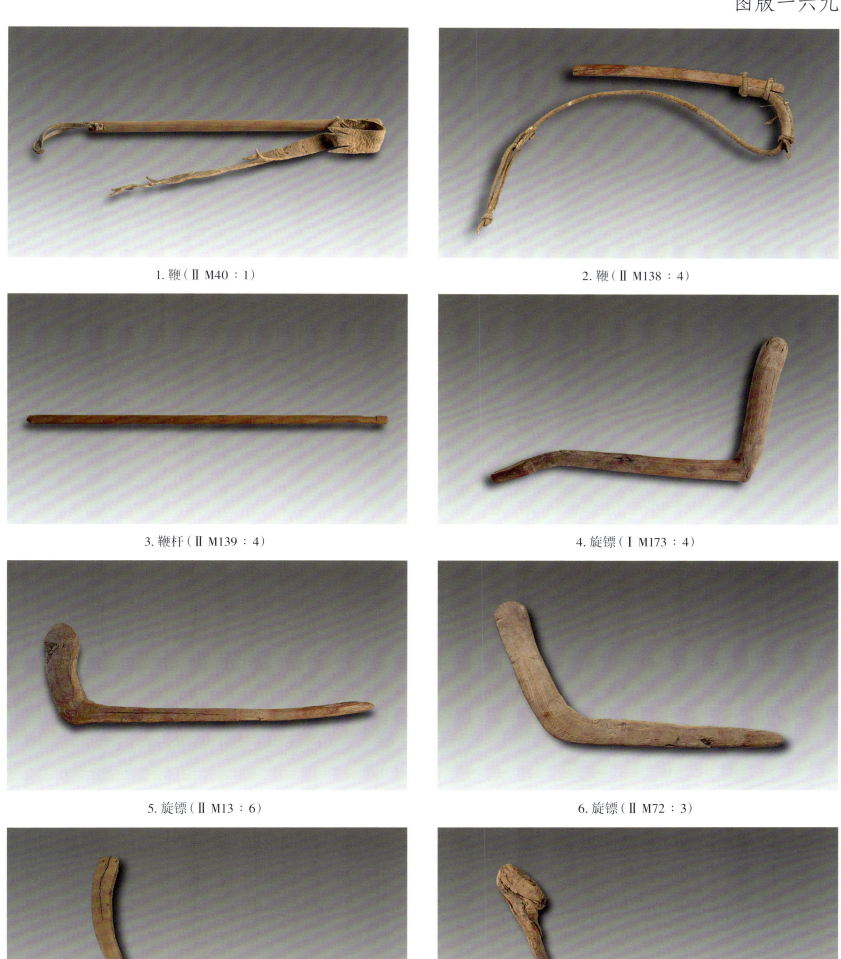

1. 鞭（Ⅱ M40：1）

2. 鞭（Ⅱ M138：4）

3. 鞭杆（Ⅱ M139：4）

4. 旋镖（Ⅰ M173：4）

5. 旋镖（Ⅱ M13：6）

6. 旋镖（Ⅱ M72：3）

7. 旋镖（Ⅱ M180：1）

8. 旋镖（Ⅱ M190：6）

Ⅰ、Ⅱ号墓地出土木器

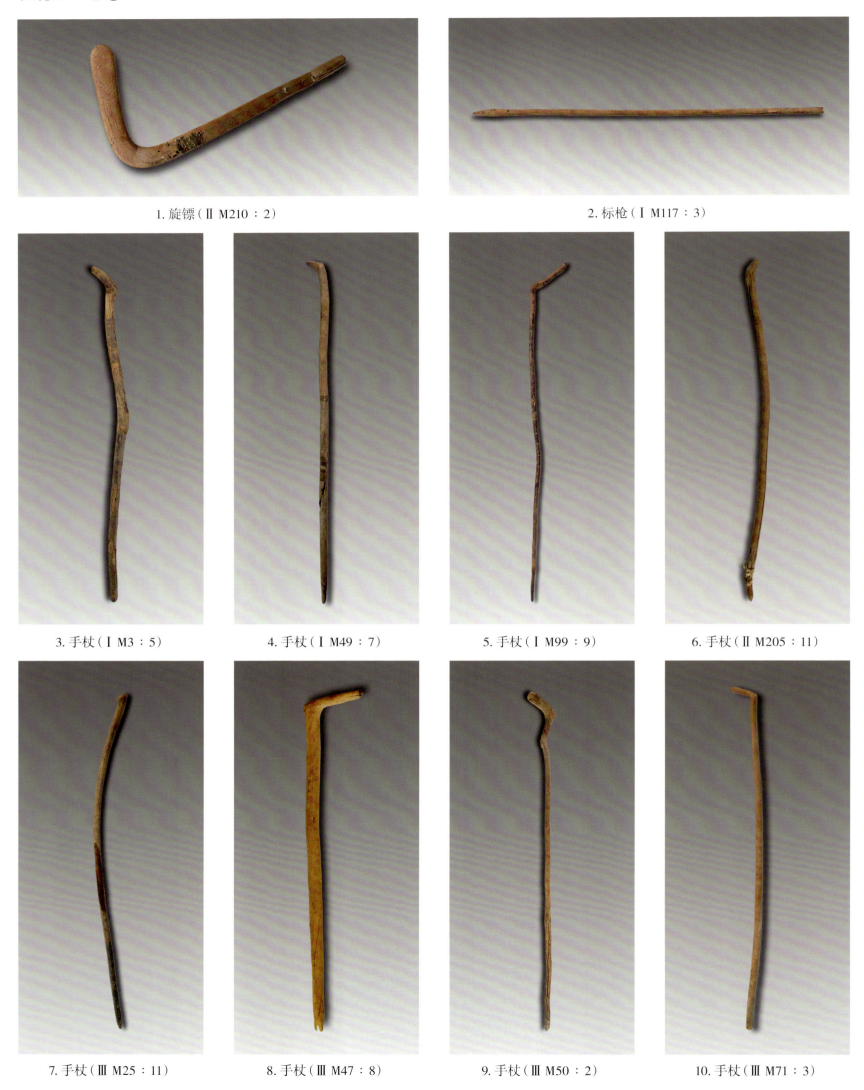

1. 旋镖（Ⅱ M210∶2）

2. 标枪（Ⅰ M117∶3）

3. 手杖（Ⅰ M3∶5）

4. 手杖（Ⅰ M49∶7）

5. 手杖（Ⅰ M99∶9）

6. 手杖（Ⅱ M205∶11）

7. 手杖（Ⅲ M25∶11）

8. 手杖（Ⅲ M47∶8）

9. 手杖（Ⅲ M50∶2）

10. 手杖（Ⅲ M71∶3）

Ⅰ～Ⅲ号墓地出土木器

1. 手杖柄（ⅠM163：2）

2. 橛（ⅠM77：2）　　　　　3. 橛（ⅠM150：4）　　　　　4. 橛（ⅠM157：9）

5. 橛（ⅡM90：1）　　　　　6. 橛（ⅡM128：7）　　　　　7. 橛（ⅢM71：8）

Ⅰ～Ⅲ号墓地出土木手杖柄、橛

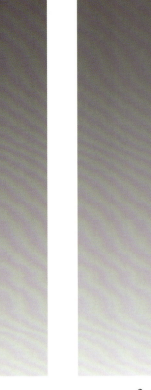

1. 搅拌棒（ⅡM131：4）　　　　2. 搅拌棒（ⅡM162：3）　　　　3. 搅拌棒（ⅢM17：7）

4. 器柄（ⅠM157：16）

5. 钩（ⅠM150：8）

6. 钩（ⅡM5：4）

7. 钩（ⅡM169：8）

8. 器具（ⅠM119：12）

9. 器具（ⅠM167：8）

Ⅰ～Ⅲ号墓地出土木器

1. 器具（Ⅰ M208：10）

2. 器具（Ⅱ M24：5）

3. 器具（Ⅱ M41：1）

4. 器具（Ⅱ M58：5）

5. 器具（Ⅱ M138：6）

6. 桂叶形器（Ⅱ M159：10）

7. 器具（Ⅲ M80：8）

8. 器具（Ⅲ M80：7）

Ⅰ～Ⅲ号墓地出土木器

1. Ⅰ M2：4　　　　2. Ⅰ M23：6　　　　3. Ⅰ M30：3　　　　4. Ⅰ M49：8

5. Ⅰ M87：10　　　6. Ⅰ M113：2　　　7. Ⅰ M121：3　　　8. Ⅰ M124：2

Ⅰ号墓地出土Ⅰ式木纺轮

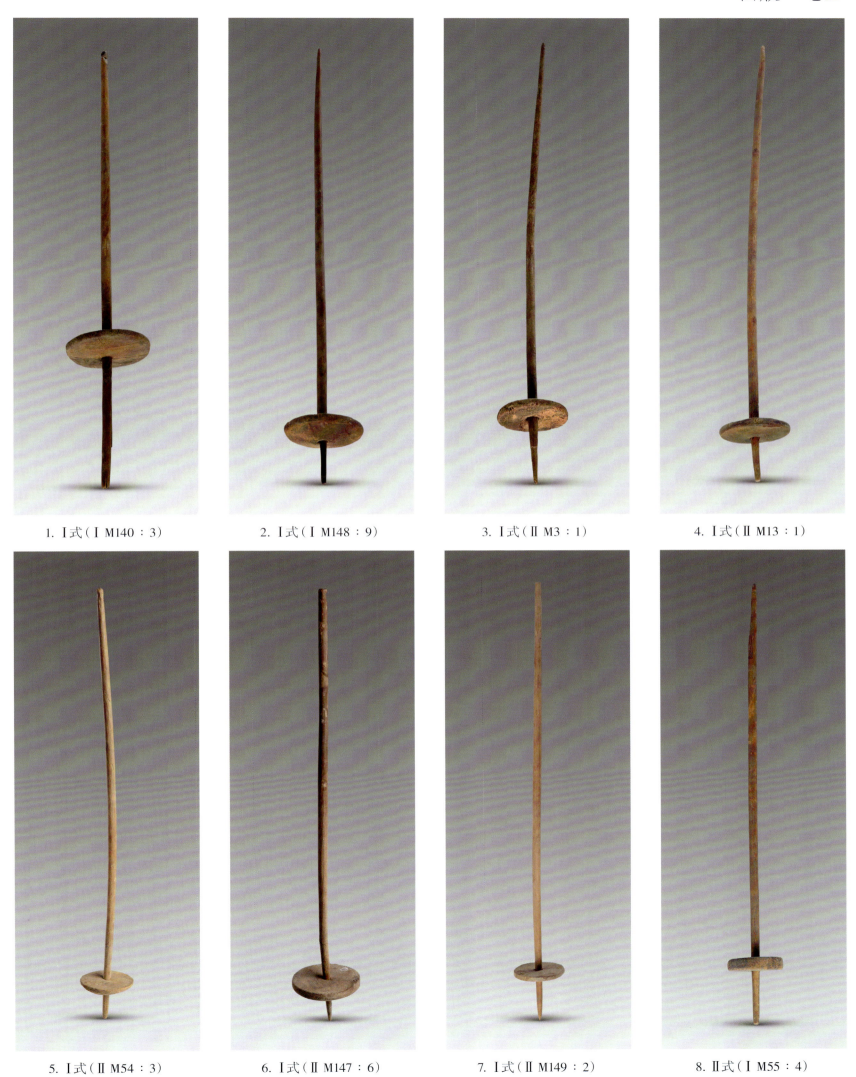

1. I式（I M140：3）　　2. I式（I M148：9）　　3. I式（II M3：1）　　4. I式（II M13：1）

5. I式（II M54：3）　　6. I式（II M147：6）　　7. I式（II M149：2）　　8. II式（I M55：4）

I、II号墓地出土木纺轮

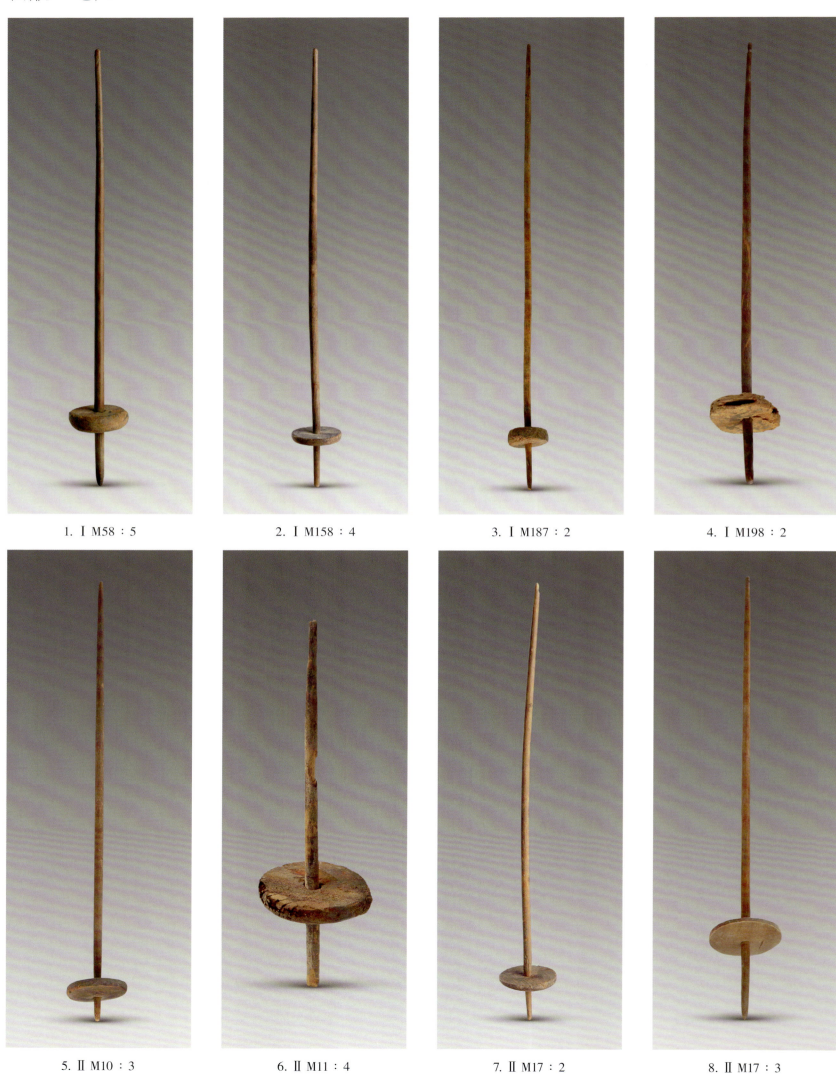

1. I M58：5  2. I M158：4  3. I M187：2  4. I M198：2

5. II M10：3  6. II M11：4  7. II M17：2  8. II M17：3

I 、II 号墓地出土 II 式木纺轮

1. ⅡM19：1  2. ⅡM24：3  3. ⅡM28：1  4. ⅡM84：5

5. ⅡM92：6  6. ⅡM109：1  7. ⅡM132：2  8. ⅡM136：2

Ⅱ号墓地出土Ⅱ式木纺轮

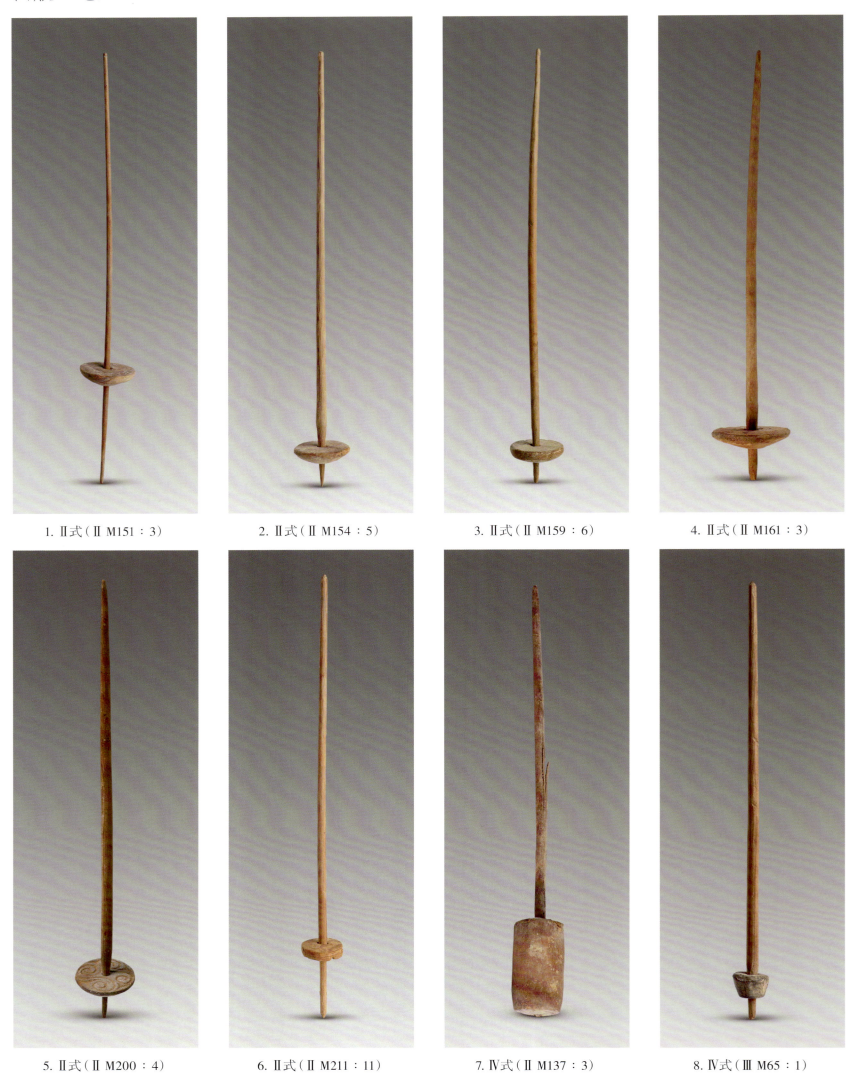

1. Ⅱ式（Ⅱ M151：3）　　2. Ⅱ式（Ⅱ M154：5）　　3. Ⅱ式（Ⅱ M159：6）　　4. Ⅱ式（Ⅱ M161：3）

5. Ⅱ式（Ⅱ M200：4）　　6. Ⅱ式（Ⅱ M211：11）　　7. Ⅳ式（Ⅱ M137：3）　　8. Ⅳ式（Ⅲ M65：1）

Ⅱ、Ⅲ号墓地出土木纺轮

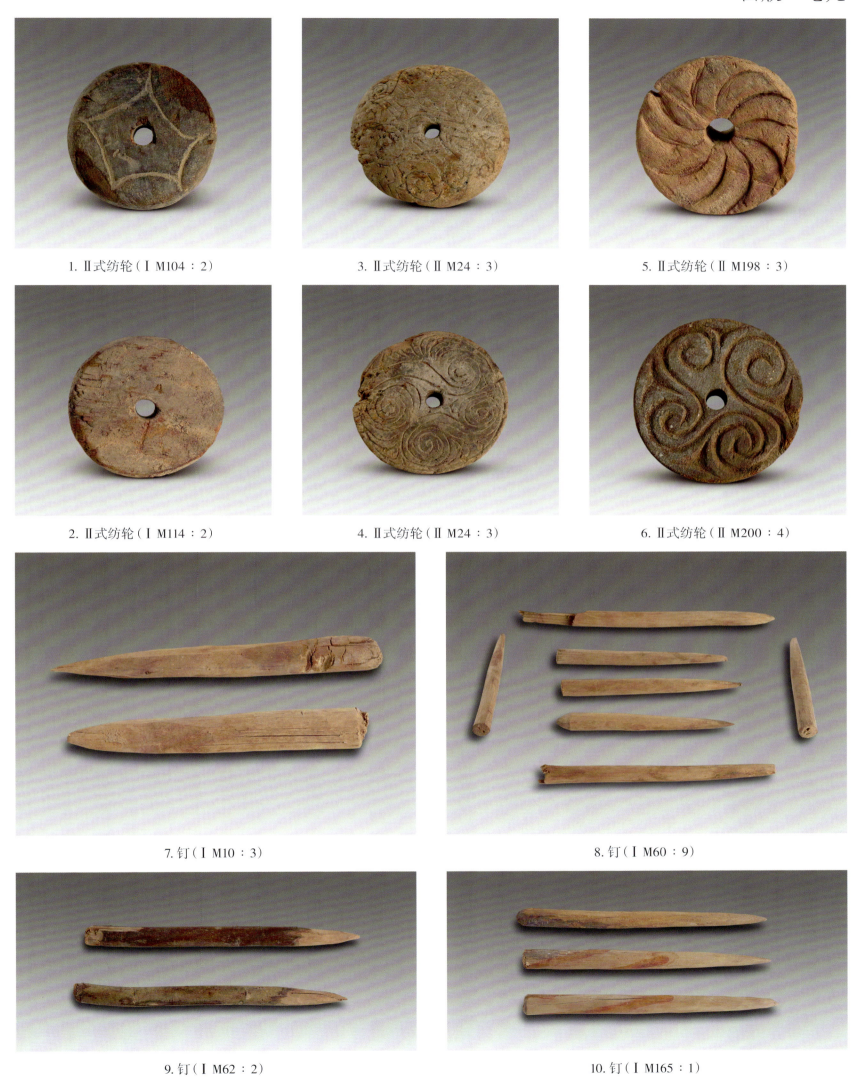

1. Ⅱ式纺轮（ⅠM104：2）

3. Ⅱ式纺轮（ⅡM24：3）

5. Ⅱ式纺轮（ⅡM198：3）

2. Ⅱ式纺轮（ⅠM114：2）

4. Ⅱ式纺轮（ⅡM24：3）

6. Ⅱ式纺轮（ⅡM200：4）

7. 钉（ⅠM10：3）

8. 钉（ⅠM60：9）

9. 钉（ⅠM62：2）

10. 钉（ⅠM165：1）

Ⅰ、Ⅱ号墓地出土木纺轮、钉

1. 钉（ⅡM23：2）

2. 钉（ⅡM34：5）

3. 钉（ⅡM69：5）

4. 钉（ⅡM146：3-2、3-3）

5. 钉（ⅢM64：12）

6. 器柄（ⅡM205：8）

7. 锥柄（ⅠM156：1）

8. 锥（ⅢM30：11）

9. 锉刀（ⅡM138：19）

10. 尺（ⅢM2：2）

Ⅰ～Ⅲ号墓地出土木器

1. 直角抹（Ⅰ M42：3）

2. 直角抹（Ⅱ M190：4）

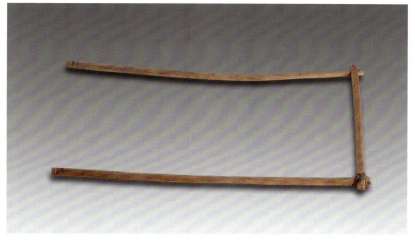

3. 构件（Ⅱ M211：9）

4. 杼（Ⅱ M152：12）

5. 花押（Ⅱ M10：9）

6. 打磨器（Ⅱ M138：12）

Ⅰ、Ⅱ号墓地出土木器

1. 牌饰（Ⅲ M4：4）

2. 牌（Ⅲ M76：13）

3. Ⅰ式竖琴（Ⅰ M90：12）

6. 花押（Ⅱ M211：10）

4. Ⅱ式竖琴（Ⅱ M63：1）

5. Ⅲ式竖琴（Ⅲ M48：2）

7. 俑（Ⅲ M74：8）

Ⅰ～Ⅲ号墓地出土木器

1. I式（I M11：7）

2. I式（I M20：2）

3. I式（I M106：14）

4. I式（I M164：5）

5. I式（I M173：5）

6. I式（II M2：1）

7. I式（II M13：5）

8. I式（II M82：2）

9. I式（II M137：2）

10. II式（II M22：4）

I、II号墓地出土复合弓

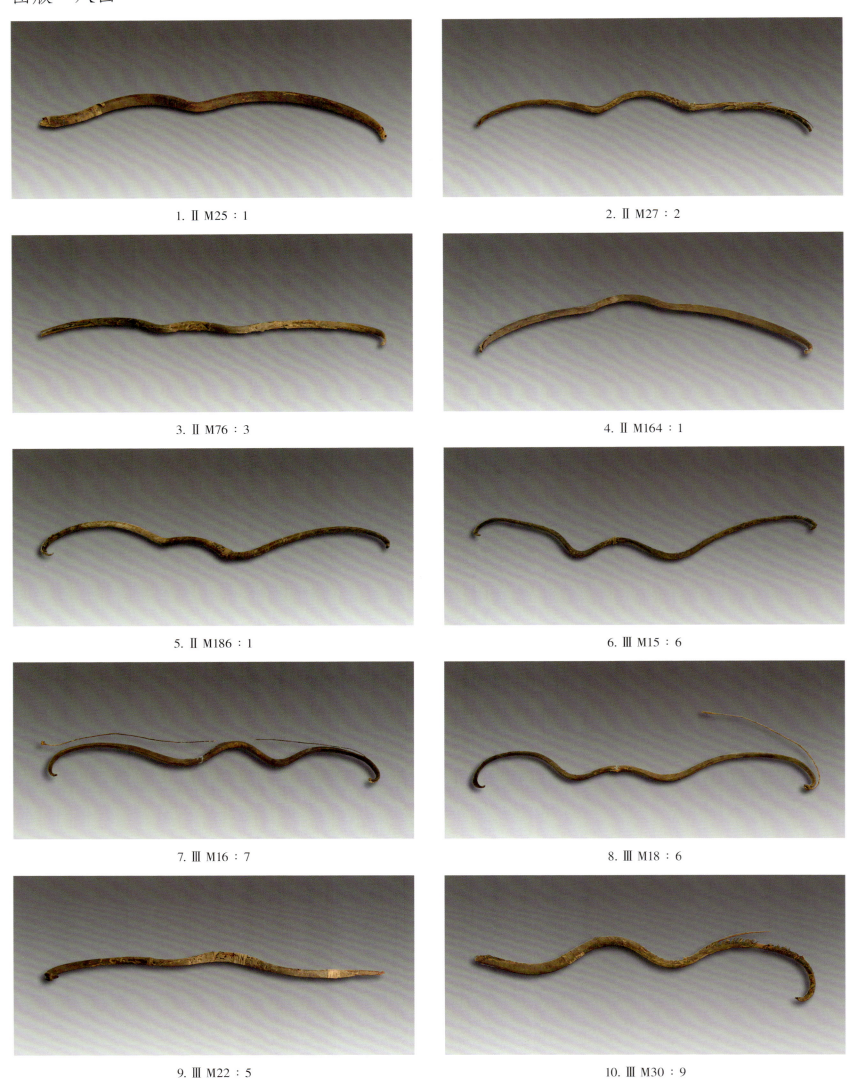

1. Ⅱ M25：1

2. Ⅱ M27：2

3. Ⅱ M76：3

4. Ⅱ M164：1

5. Ⅱ M186：1

6. Ⅲ M15：6

7. Ⅲ M16：7

8. Ⅲ M18：6

9. Ⅲ M22：5

10. Ⅲ M30：9

Ⅱ、Ⅲ号墓地出土Ⅱ式复合弓

1. I式骨镳（I M5：8）

2. I式骨镳（I M142：6）

3. II式骨镳（II M14：8）

4. III式骨镳（II M89：3）

5. III式骨镳（III M1：2）

6. I式角镳（I M12：10）

7. I式角镳（I M29：1）

8. I式角镳（I M44：1）

9. I式角镳（I M101：1）

10. I式角镳（I M164：3）

I ～ III号墓地出土骨镳、角镳

1. Ⅱ式角镳（ⅠM11：13）

2. Ⅱ式角镳（ⅠM80：7）

3. Ⅱ式角镳（ⅠM114：3）

4. Ⅱ式角镳（ⅠM163：4）

5. Ⅱ式角镳（ⅠM189：7）

6. Ⅱ式角镳（ⅠM217：3）

8. Ⅱ式角镳（ⅡM62：3）

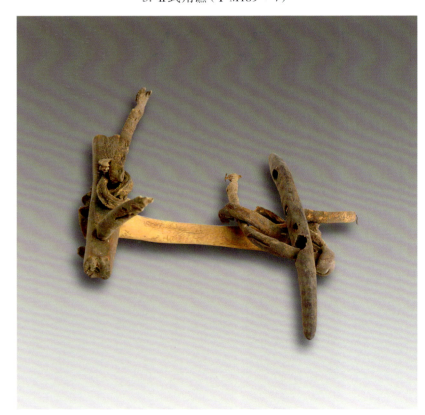

7. 骨衔、Ⅱ式角镳（ⅡM13：2）

9. Ⅱ式角镳（ⅡM139：3）

Ⅰ、Ⅱ号墓地出土角镳、骨衔

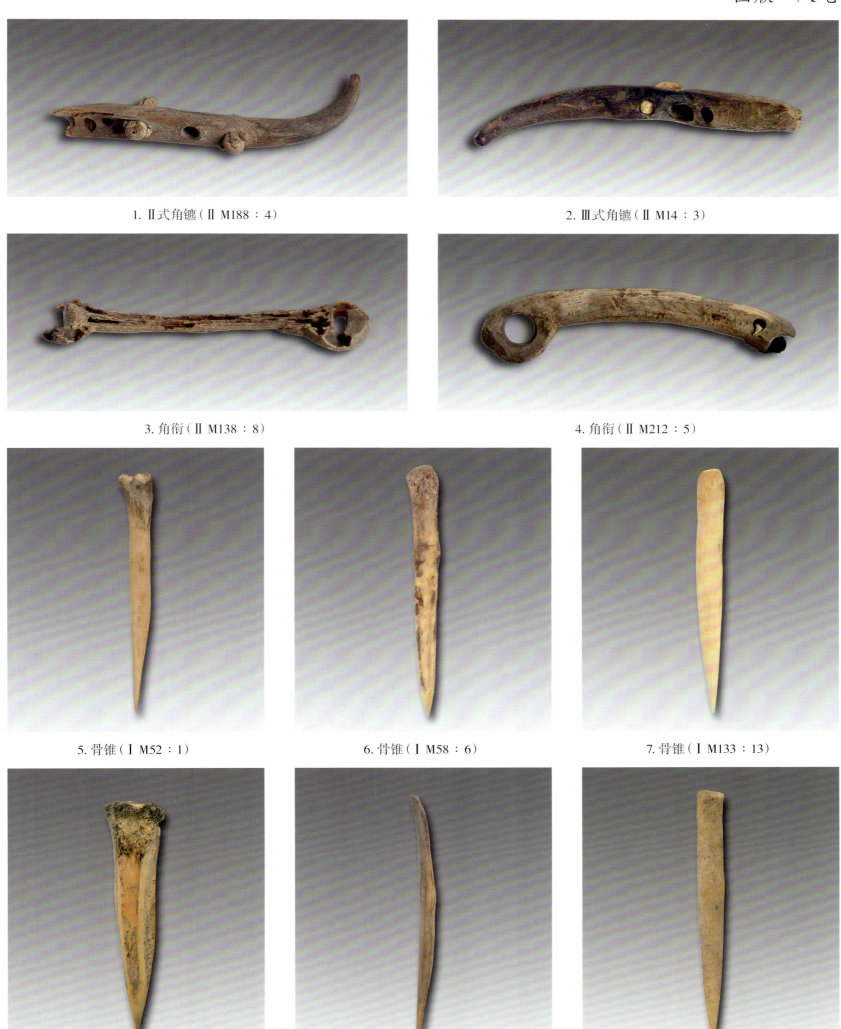

1. Ⅱ式角镳（ⅡM188：4）

2. Ⅲ式角镳（ⅡM14：3）

3. 角衔（ⅡM138：8）

4. 角衔（ⅡM212：5）

5. 骨锥（ⅠM52：1）

6. 骨锥（ⅠM58：6）

7. 骨锥（ⅠM133：13）

8. 骨锥（ⅠM136：7）

9. 骨锥（ⅠM140：4）

10. 骨锥（ⅠM140：5）

Ⅰ、Ⅱ号墓地出土骨、角器

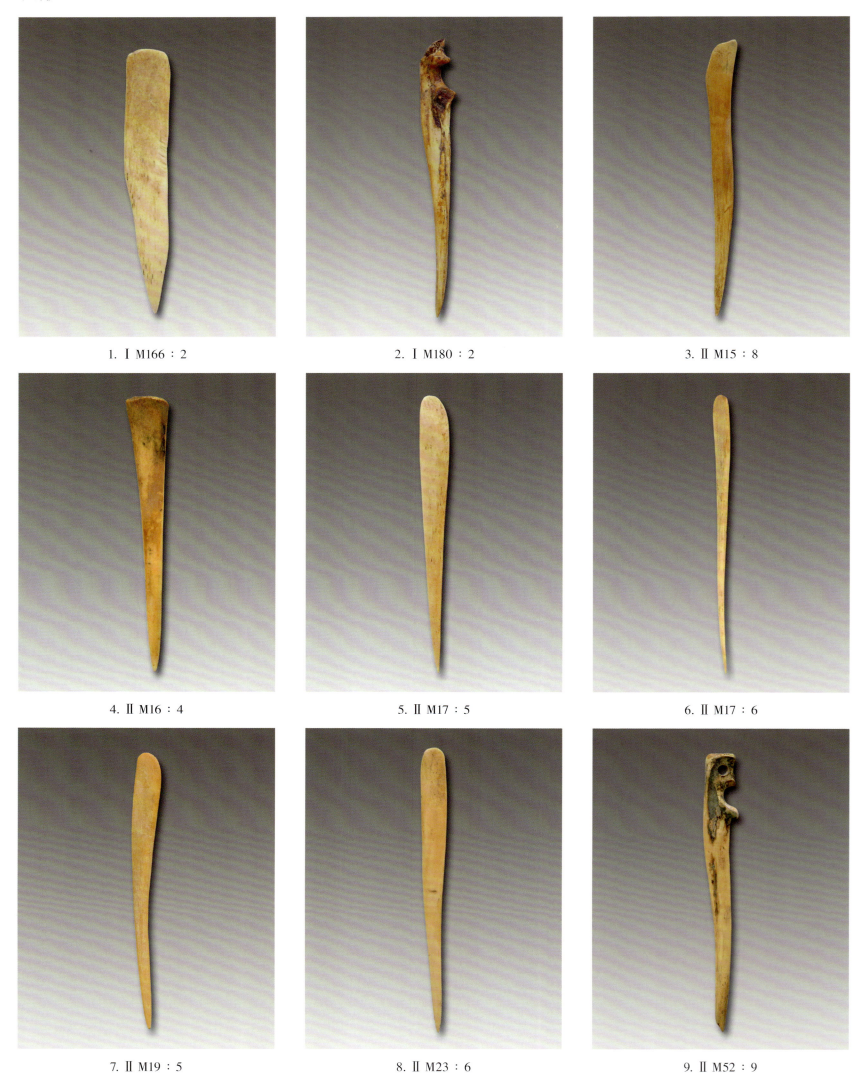

1. Ⅰ M166：2

2. Ⅰ M180：2

3. Ⅱ M15：8

4. Ⅱ M16：4

5. Ⅱ M17：5

6. Ⅱ M17：6

7. Ⅱ M19：5

8. Ⅱ M23：6

9. Ⅱ M52：9

Ⅰ、Ⅱ号墓地出土骨锥

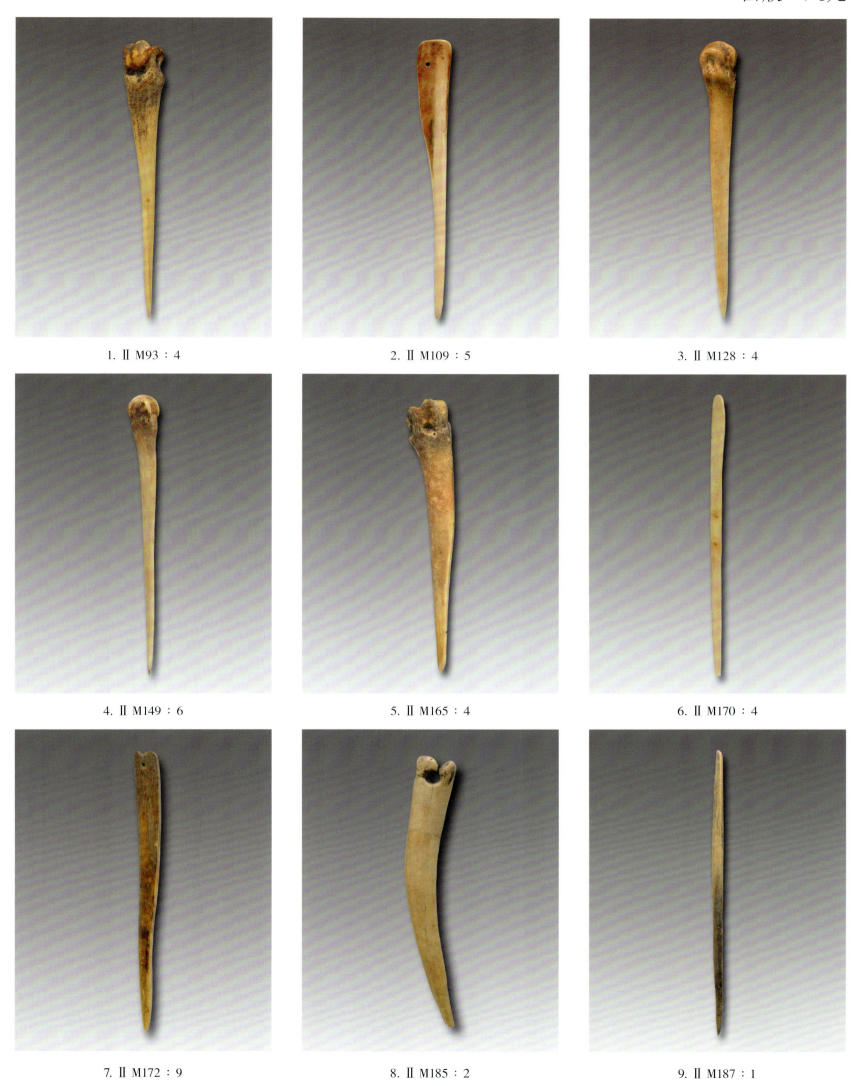

1. ⅡM93：4

2. ⅡM109：5

3. ⅡM128：4

4. ⅡM149：6

5. ⅡM165：4

6. ⅡM170：4

7. ⅡM172：9

8. ⅡM185：2

9. ⅡM187：1

Ⅱ号墓地出土骨锥

1. 角锥（Ⅰ M90：7）

2. 角锥（Ⅰ M99：3）

3. 角锥（Ⅱ M13：11）

4. 角锥（Ⅱ M134：1）

5. 骨弓弭（Ⅲ M44：9）

6. 骨扣（Ⅰ M87：11）

7. 骨扣（Ⅰ M96：2）

8. 骨扣（Ⅰ M100：1）

9. 骨扣（Ⅰ M107：8）

10. 骨扣（Ⅰ M141：5）

Ⅰ～Ⅲ号墓地出土骨、角器

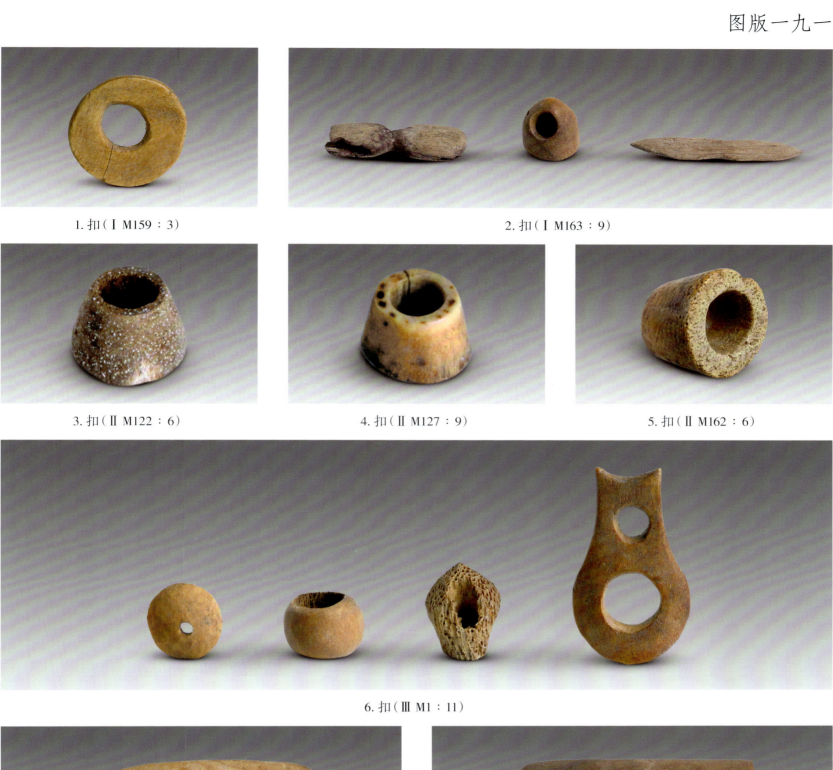

1. 扣（Ⅰ M159：3）　　　　　　　　　2. 扣（Ⅰ M163：9）

3. 扣（Ⅱ M122：6）　　　　4. 扣（Ⅱ M127：9）　　　　5. 扣（Ⅱ M162：6）

6. 扣（Ⅲ M1：11）

7. 扣（Ⅲ M21：4）　　　　　　　　　8. 扣（Ⅲ M43：5）

9. 扣（Ⅲ M43：6）　　　　　　　　　10. 带扣（Ⅲ M44：8）

Ⅰ～Ⅲ号墓地出土骨扣、带扣

1. 角扣（ⅠM97：2）

2. 角扣（ⅡM6：3）

3. 角扣（ⅢM21：13）

4. 角带扣（ⅡM223：3）

5. 骨纺轮（ⅠM34：4）

6. 骨纺轮（ⅠM68：3）

7. 骨纺轮（ⅡM122：7）

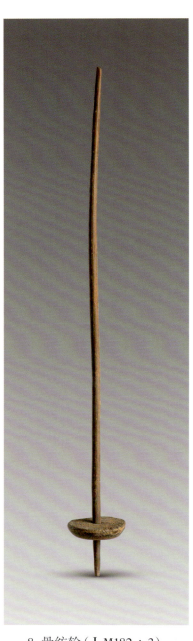

9. 骨纺轮（ⅢM37：3）

8. 骨纺轮（ⅠM182：3）

10. 骨针（ⅠM145：1）

Ⅰ～Ⅲ号墓地出土骨、角器

1. 针（ⅡM159：11）

2. 针（ⅡM187：3）

6. 管（ⅡM44：8）

3. 管（ⅠM5：9）

7. 镞（ⅠM158：7）

4. 管（ⅠM8：21）

8. 镞（ⅡM54：8）

5. 管（ⅠM162：3）

9. 杼（ⅠM87：13）

Ⅰ、Ⅱ号墓地出土骨器

1. 骨杼（ⅠM145：2）

2. 骨杼（ⅠM146：2）

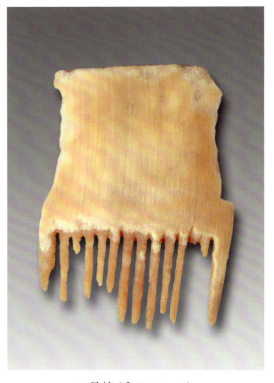

3. 骨梳（ⅠM171：1）

4. 角梳（ⅠM183：4）

5. 角梳（ⅡM77：3）

6. 角梳（ⅡM125：2）

7. 角梳（ⅡM211：3）

8. 骨梳（ⅢM36：12）

Ⅰ～Ⅲ号墓地出土骨、角器

1. 骨扳指（Ⅰ M14：2）

2. 角杯（Ⅱ M12：10）

3. 角杯（Ⅱ M41：3）

4. 羊角杯（Ⅱ M77：1）

5. 牛角杯（Ⅰ M12：11）

6. 牛角杯（Ⅰ M12：11）

7. 牛角杯（Ⅲ M25：4）

8. 牛角杯（Ⅲ M27：6）

Ⅰ～Ⅲ号墓地出土骨、角器

2. 牛角杯（Ⅲ M73：6）

1. 牛角杯（Ⅲ M77：1）

3. 牙扣（Ⅰ M11：12）

4. 牙扣（Ⅰ M25：1）

5. 牙扣（Ⅰ M49：1）

6. 牙扣（Ⅰ M148：12）

7. 牙扣（Ⅱ M157：9）

Ⅰ～Ⅲ号墓地出土牛角杯、牙扣

1. 牙器（Ⅰ M12：9-1）

2. 牙器（Ⅰ M12：9-2）

3. 牙饰（Ⅱ M82：4）

4. 兽牙饰（Ⅰ M204：10）

5. 金耳环（Ⅰ M21：9）

6. 金耳环（Ⅰ M21：11）

7. 银耳环（Ⅰ M1：5）

8. 金饰件（Ⅲ M53：4）

9. 金饰件（Ⅲ M64：13）

Ⅰ～Ⅲ号墓地出土器物

1. Ⅰ式（ⅠM19：6）

2. Ⅰ式（ⅠM21：4）

3. Ⅰ式（ⅠM33：2）

4. Ⅰ式（ⅠM78：3）

5. Ⅱ式（ⅠM5：6）

6. Ⅱ式（ⅠM94：2）

7. Ⅲ式（ⅠM75：3）

8. Ⅲ式（ⅠM195：6）

Ⅰ号墓地出土铜刀

1. Ⅳ式刀（ⅠM63：1）

2. Ⅳ式刀（ⅡM31：2）

3. Ⅳ式刀（ⅡM142：5）

4. Ⅳ式刀（ⅡM148：4）

5. 斧（ⅠM33：1）

6. 斧（ⅠM21：6）

7. 斧（ⅠM150：2）

8. 木柄铜镦（ⅠM19：13）

Ⅰ、Ⅱ号墓地出土铜器

1. Ⅱ式镞（ⅠM42：12）

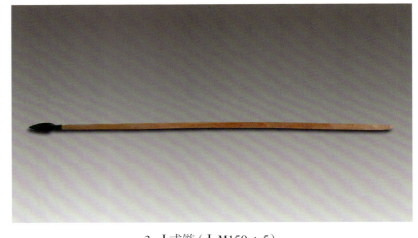

3. Ⅰ式镞（ⅠM150：5）

2. Ⅱ式镞（ⅠM98：2）

6. 锥（ⅠM143：1）

7. 针（ⅡM217：1）

4. 锥（ⅠM19：11）

5. 锥（ⅠM21：3）

8. 管（ⅠM159：2）

Ⅰ、Ⅱ号墓地出土铜器

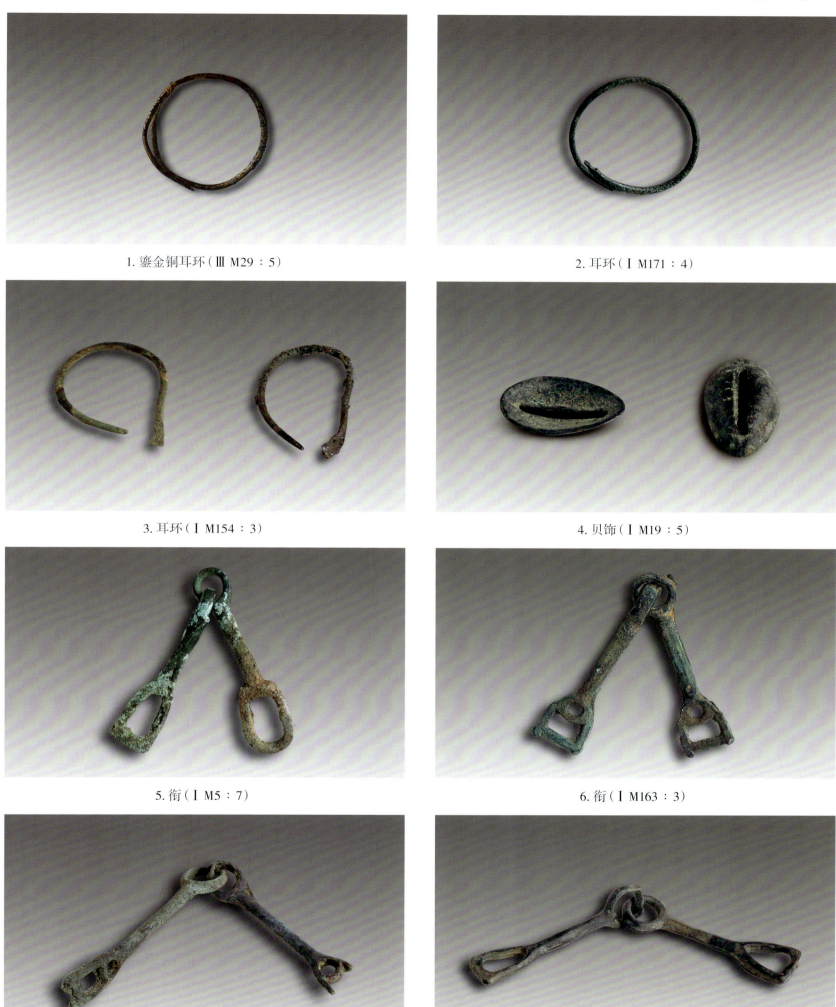

1. 鎏金铜耳环（Ⅲ M29：5）

2. 耳环（Ⅰ M171：4）

3. 耳环（Ⅰ M154：3）

4. 贝饰（Ⅰ M19：5）

5. 衔（Ⅰ M5：7）

6. 衔（Ⅰ M163：3）

7. 衔（Ⅱ M14：2）

8. 衔（Ⅰ M189：10）

Ⅰ～Ⅲ号墓地出土铜器

1. 带扣（Ⅰ M5：4）

2. 扣（Ⅰ M21：13）

3. 扣（Ⅰ M12：12）

5. 扣（Ⅰ M78：4）

4. 扣（Ⅱ M9：3）

6. 扣（Ⅱ M212：2）

7. 扣（Ⅲ M1：10）

Ⅰ～Ⅲ号墓地出土铜带扣、扣

1. 扣（Ⅰ M196：8）　　　　　　　　　　2. 铃（Ⅰ M21：16）

3. 铃（Ⅰ M19：4）

4. 铃（Ⅰ M200：3）　　　　　　　　　　5. 铃（Ⅰ M217：6）

6. 铃（Ⅱ M195：7）　　　　　　　　　　7. 环饰（Ⅰ M189：13）

Ⅰ、Ⅱ号墓地出土铜器

1. 坩埚（Ⅲ M59：5）

2. 带钩（Ⅲ M35：7）

3. 刀（Ⅱ M158：4）

4. 刀（Ⅲ M39：9）

5. 刀（Ⅱ M43：11）

6. 刀（Ⅱ M65：3）

7. 刀（Ⅲ M76：6）

8. 钩（Ⅲ M11：1）

Ⅱ、Ⅲ号墓地出土铁器

1. 铁簪（Ⅰ M155：11）

5. 铁扣（Ⅲ M2：14）

2. 铁锥（Ⅲ M76：8）　　3. 铁锥（Ⅱ M205：9）

6. 石杵（Ⅱ M61：3）

7. 石杵（Ⅱ M202：6）

8. 石杵（Ⅱ M205：10）

4. 铁镞（Ⅲ M21：3）

9. 石杵（Ⅲ M36：11）

Ⅰ～Ⅲ号墓地出土铁、石器

1. 臼（Ⅱ M138：9）

2. 臼（Ⅱ M152：8）

3. 磨盘（Ⅲ M23：4）

4. 磨盘（Ⅲ M25：9）

5. 扣（Ⅰ M142：2）

8. 纺轮（Ⅲ M75：4）

9. 纺轮（Ⅲ M75：4）

6. 纺轮（Ⅲ M42：2）

7. 纺轮（Ⅲ M76：7）

10. 扣（Ⅱ M13：13）

Ⅰ～Ⅲ号墓地出土石器

1. Ⅰ M5：5　　　　　2. Ⅰ M8：13　　　　　3. Ⅰ M39：1

4. Ⅰ M49：9　　　　　5. Ⅰ M94：3　　　　　6. Ⅰ M109：6

7. Ⅰ M195：5　　　　　8. Ⅰ M195：7　　　　　9. Ⅱ M86：4

Ⅰ、Ⅱ号墓地出土砺石

1. 砺石（Ⅱ M147∶9）  2. 砺石（Ⅱ M186∶4）

6. 珠饰（Ⅰ M20∶7）

7. 珠饰（Ⅰ M21∶12）

3. 砺石（Ⅱ M210∶4）  4. 砺石（Ⅲ M64∶4）

8. 珠饰（Ⅰ M78∶1）

9. 珠饰（Ⅰ M78∶7）

5. 重石（Ⅱ M48∶4）  10. 珠饰（Ⅰ M96∶3）  11. 珠饰（Ⅰ M106∶11）

Ⅰ～Ⅲ号墓地出土石器、珠饰

Ⅰ、Ⅲ号墓地出土装饰品

1. 珠饰（ⅠM146：3）

2. 串饰（ⅠM139：1）

3. 珠饰（ⅠM157：13）

4. 珠饰（ⅠM158：8）

5. 项链（ⅠM164：12）

6. 绿松石饰（ⅢM18：15）

Ⅰ、Ⅲ号墓地出土装饰品

1. 珠饰（ⅠM171：2）

2. 珠饰（ⅠM216：1）

3. 串珠（ⅡM144：5）

4. 珠饰（ⅢM78：3）

5. 珠饰（ⅠM217：5）

6. 珠饰（ⅠM208：3）

7. 串珠（ⅡM154：1）

Ⅰ～Ⅲ号墓地出土装饰品

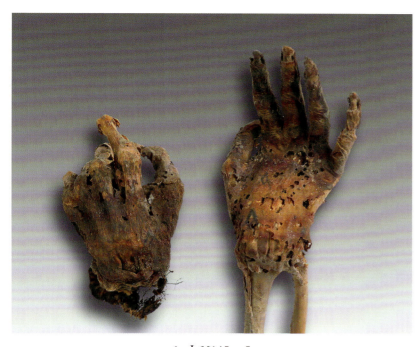

1. Ⅰ M145∶5

2. Ⅰ M67∶7

3. Ⅰ M214∶2（左）

4. Ⅰ M80∶11

5. Ⅰ M215∶3

6. Ⅰ M87∶15

Ⅰ号墓地出土带文身人骨

1. 针线（ⅡM216：1）

2. 发辫（ⅡM46：2）

3. 发辫（ⅢM15：7）

4. 葡萄藤（ⅡM169：5）

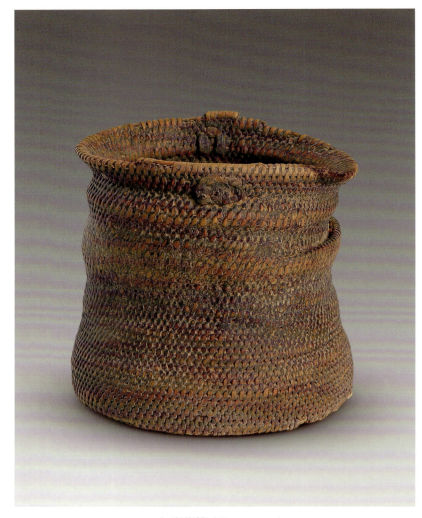

5. 皮编草篓（ⅠM90：8）

6. 草篓（ⅢM76：5）

Ⅰ～Ⅲ号墓地出土物

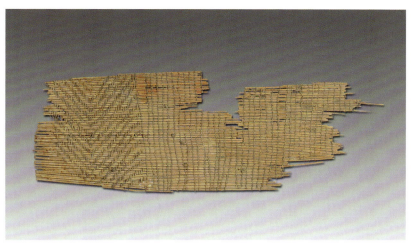

1. 草席（ⅠM103：1）

2. 草席（ⅠM103：1）（局部）

3. 簸箕残片（ⅠM95：5）

4. 簸箕残片（ⅠM198：4）

5. 簸箕残片（ⅡM141：2）

6. 簸箕（ⅡM173：8）

7. 食品（ⅠM59：3-1）

8. 糜饼（ⅠM12：13）

Ⅰ、Ⅱ号墓地出土物

1. 草编饰（Ⅰ M80：9）

2. 草编串饰（Ⅰ M149：1）

3. 草籽项链（Ⅰ M164：11）

4. 麦穗（Ⅱ M93：5）

5. 泥吹风管（Ⅱ M210：3）

Ⅰ、Ⅱ号墓地出土物

1. 蚌饰（ⅠM16：8）

5. 海贝（ⅠM201：8）

2. 海贝（ⅠM42：15）

3. 海贝（ⅠM62：10）

6. 海贝（ⅠM208：2）

4. 蚌饰（ⅠM163：10）

7. 海贝（ⅠM217：7）

Ⅰ号墓地出土蚌饰、海贝

1. 泥俑（Ⅱ M163：1）

2. 皮衣（Ⅰ M26：8）

3. 毛皮大衣（Ⅱ M109：7）

4. 皮衣袖（Ⅱ M163：9）

Ⅰ、Ⅱ号墓地出土泥俑及皮、毛织物

1. Ⅱ M63：5

2. Ⅱ M65：10

3. Ⅲ M4：3

4. Ⅲ M10：4

Ⅱ、Ⅲ号墓地出土皮衣袖

1. I M26：7

2. I M67：5

3. I M76：1

4. I M108：1

5. I M109：7

6. I M127：5

7. I M141：7

I 号墓地出土 I 式皮靴

1. Ⅱ式（ⅠM147：3）

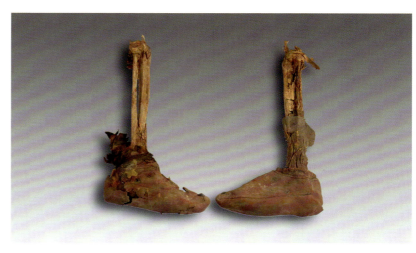

2. Ⅰ式（ⅠM157：5）

3. Ⅰ式（ⅠM193：6）

4. Ⅰ式（ⅠM215：2）

5. Ⅱ式（ⅠM199：4）

6. Ⅱ式（ⅡM61：8）

7. Ⅱ式（ⅡM63：8）

8. Ⅱ式（ⅡM109：6）

Ⅰ、Ⅱ号墓地出土皮靴

1. Ⅱ式（Ⅱ M157：8）

2. Ⅱ式（Ⅱ M158：7）

3. Ⅱ式（Ⅱ M161：5）

4. Ⅱ式（Ⅱ M179：3）

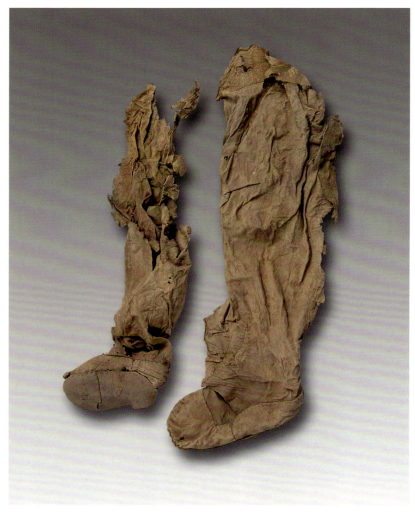

5. Ⅲ式（Ⅱ M169：11）

6. Ⅲ式（Ⅲ M18：17）

Ⅱ、Ⅲ号墓地出土皮靴

1. Ⅱ式靴（Ⅲ M36：13）

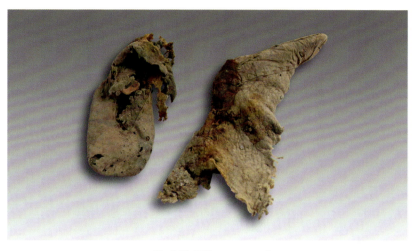

2. Ⅲ式靴（Ⅲ M37：11）

3. Ⅲ式靴（Ⅲ M37：10）

4. 鞋底（Ⅱ M61：6）

5. 鞋（Ⅰ M167：3）

6. 帽（Ⅰ M4：1）

7. 帽（Ⅱ M41：5）

Ⅰ～Ⅲ号墓地出土皮具

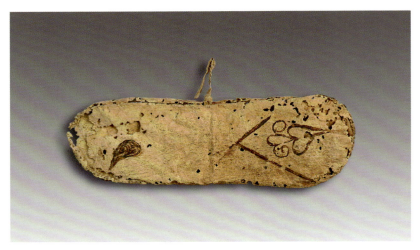

1. 枕（Ⅲ M21：14）（正面）

2. 枕（Ⅲ M21：14）（背面）

3. 枕（Ⅲ M18：10）

4. 枕（Ⅲ M47：14）

5. 扣（Ⅱ M23：8）

6. 扣（Ⅱ M104：3）

7. 扣（Ⅲ M1：7）

8. 扳指（Ⅰ M90：16）

Ⅰ～Ⅲ号墓地出土皮具

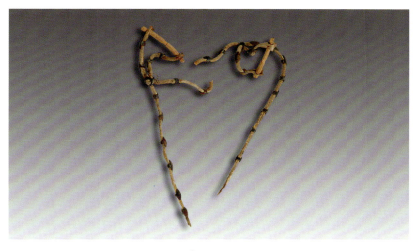

1. Ⅰ M21：1

2. Ⅰ M90：6

3. Ⅰ M90：25

4. Ⅰ M90：26

5. Ⅰ M90：27

6. Ⅰ M130：8

7. Ⅰ M204：4

8. Ⅱ M138：5

Ⅰ、Ⅱ号墓地出土皮辔头

1. 皮辔头（Ⅱ M163∶4）

2. 皮带（Ⅰ M164∶9）

3. 皮带（Ⅱ M179∶5）

4. 皮腰带（Ⅱ M204∶4）

5. 皮带（Ⅲ M3∶11）

6. 骨扣皮带（Ⅲ M36∶4）

7. 皮带（Ⅲ M74∶10）

8. 皮甲（Ⅱ M127∶11）

Ⅰ～Ⅲ号墓地出土皮具

1. 刀鞘（Ⅰ M119：11）

2. 刀鞘（Ⅲ M18：13）

3. 皮条（Ⅱ M163：8）

4. 马鞍（Ⅱ M138：20）

5. 马鞍（Ⅱ M205：20）

6. Ⅰ式弓箭袋（Ⅰ M173：3）

7. Ⅱ式弓箭袋（Ⅰ M90：17）

8. Ⅱ式弓箭袋（Ⅰ M147：1）

Ⅰ～Ⅲ号墓地出土皮具

1. Ⅱ式（Ⅱ M165：5）

2. Ⅱ式（Ⅰ M195：9）

3. Ⅱ式（Ⅰ M195：10）

4. Ⅲ式（Ⅱ M163：5）

5. Ⅲ式（Ⅱ M164：2）

6. Ⅲ式（Ⅱ M181：2）

7. Ⅲ式（Ⅲ M18：4）

8. Ⅲ式（Ⅲ M25：5）

Ⅰ～Ⅲ号墓地出土皮弓箭袋

1. 弓箭袋（Ⅰ M209：6）

2. Ⅰ式射鞲（Ⅰ M67：6）

3. Ⅰ式射鞲（Ⅰ M150：7）

4. Ⅰ式射鞲（Ⅰ M209：5）

5. Ⅱ式射鞲（Ⅰ M4：7）

6. Ⅱ式射鞲（Ⅰ M76：3）

7. Ⅱ式射鞲（Ⅰ M119：7）

8. Ⅲ式射鞲（Ⅲ M23：6）

Ⅰ、Ⅲ号墓地出土皮弓箭袋、射鞲

1. 皮具（Ⅱ M108：6）

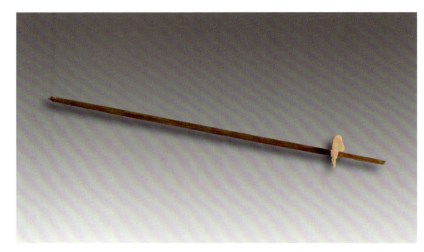

2. 皮纺轮（Ⅰ M204：8）

3. 皮画（Ⅱ M211：18）

4. 皮盒（Ⅰ M55：5）

5. 皮盒（Ⅰ M83：8）

6. 皮盒（Ⅰ M167：2）

7. 皮盒（Ⅱ M12：9）

Ⅰ、Ⅱ号墓地出土皮具

1. 皮盒（ⅡM20：4）

2 皮盒（ⅡM61：9）

3. 皮盒（ⅡM188：2）

4. 皮盒（ⅡM135：6）

5. 皮盒（ⅡM218：4）

6. 皮包（ⅠM4：3）

7. 皮包（ⅡM159：12）

Ⅰ、Ⅱ号墓地出土皮盒、包

1. 皮包（Ⅱ M163：10）

2. 皮包（Ⅱ M164：8）

3. 皮包（Ⅱ M186：3）

4. 皮囊（Ⅱ M211：12）

5. 皮囊（Ⅲ M39：8）

6. 皮袋（Ⅱ M45：3）

Ⅱ、Ⅲ号墓地出土皮具

1. 皮袋（Ⅲ M23：7）

2. 皮袋（Ⅲ M27：3）

3. 皮袋（Ⅲ M47：12）

4. 皮肚奶袋（Ⅰ M130：7）

5. 皮球（Ⅰ M157：4）

6. 皮球（Ⅰ M214：3）

Ⅰ、Ⅲ号墓地出土皮具

0　　　3厘米

1.毛纺织物（Ⅰ M4∶8）

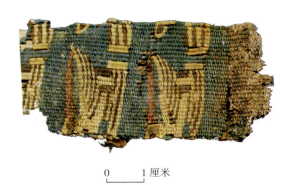

0　　　1厘米

2.毛编织带（Ⅰ M7∶7）

0　　　5厘米

3.长衣（Ⅰ M8∶23）

0　　　2厘米

4.毛编织带（Ⅰ M8∶25）

Ⅰ号墓地出土毛纺织物

0 —— 3 厘米

1. 栽绒毯（ⅠM8：24）

0 —— 2 厘米

2. 毛编织带（ⅠM14：4）

0 —— 3 厘米

3. 毛纺织物（ⅠM15：4）

0 —— 2 厘米

4. 毛纺织物（ⅠM12：8）

0 —— 3 厘米

5. 毛编织带（ⅠM16：9）

Ⅰ号墓地出土毛纺织物

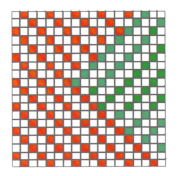

2. 2/1 斜纹组织缂毛（Ⅰ M18：3）

0 —— 5 厘米

1. 长裤（Ⅰ M18：3）

0 —— 2 厘米

3. 毛编织带（Ⅰ M18：4）

0 —— 6 厘米

6. 绑腿（Ⅰ M19：7）

0 —— 2 厘米

4. 毛编织带（Ⅰ M18：5）

0 —— 6 厘米

0 —— 2 厘米

5. 毛编织带（Ⅰ M18：6）

7. 绑腿（Ⅰ M19：8）

Ⅰ号墓地出土毛纺织物及其织法

0 4 厘米

1. 毛纺织物（ⅠM19：9）

0 4 厘米

2. 毛编织带（ⅠM19：12）

0 4 厘米

3. 毛穗（ⅠM21：18）

Ⅰ号墓地出土毛纺织物

5. 法衣（ⅠM21：22）样式

0 ⎯⎯ 4 厘米

1. 毛编织带（ⅠM21：20）

0 ⎯⎯ 4 厘米

2. 毛穗（ⅠM21：21）

0 ⎯⎯ 12 厘米

4. 法衣（ⅠM21：22）

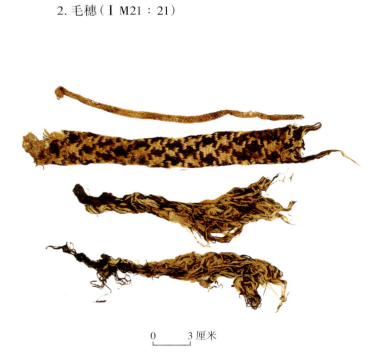

0 ⎯⎯ 3 厘米

3. 毛编织带（ⅠM21：24）

菱格图案

山形图案

6. 法衣（ⅠM21：22）的菱格和山形图案

Ⅰ号墓地出土毛纺织物及其织法

1. ⅠM21 男尸（萨满巫师）复原像

0 5 厘米

2. 毛编织带（ⅠM21：19）

0 10 厘米

3. 长衣（ⅠM26：10）

0 3 厘米

4. 毛编织带（ⅠM26：11）

Ⅰ号墓地出土毛纺织物及萨满巫师复原像

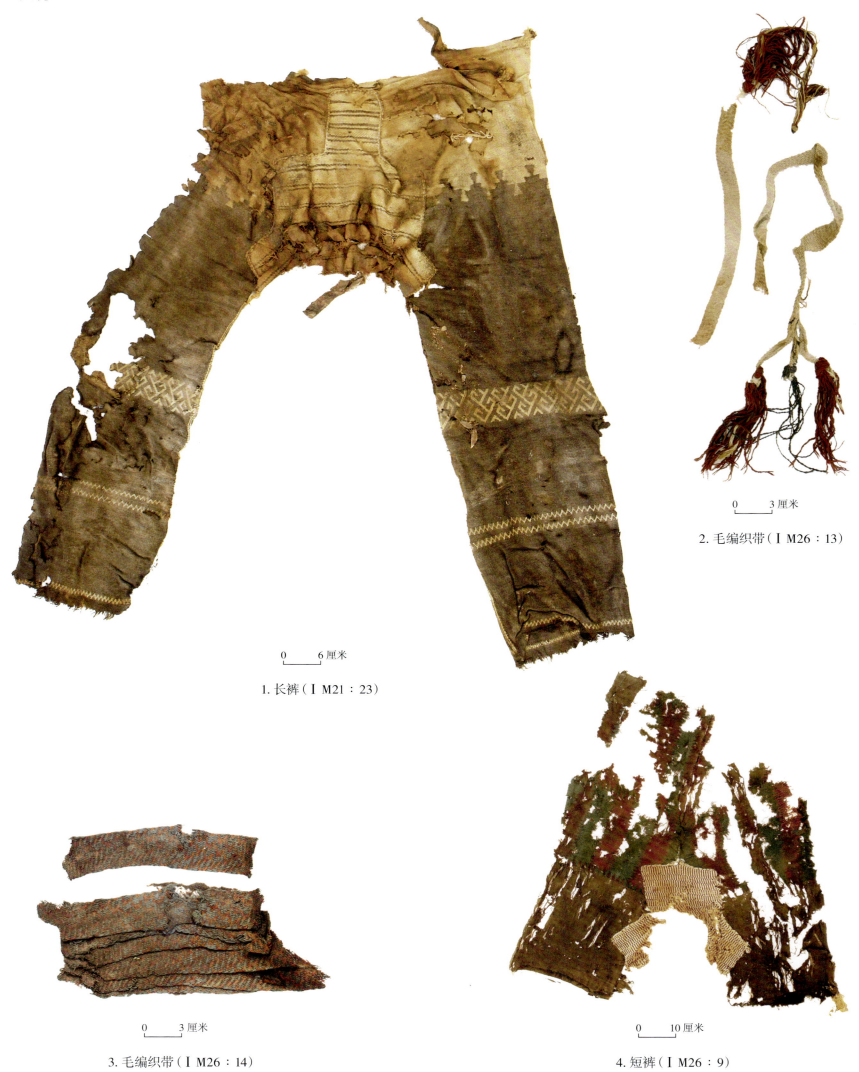

0 6 厘米

1. 长裤（Ⅰ M21：23）

0 3 厘米

2. 毛编织带（Ⅰ M26：13）

0 3 厘米

3. 毛编织带（Ⅰ M26：14）

0 10 厘米

4. 短裤（Ⅰ M26：9）

Ⅰ号墓地出土毛纺织物

3. 毛纺织物（ⅠM32：2）

0 ____ 3 厘米

4. 毛编织带（ⅠM31：4）

0 ____ 5 厘米

0 ____ 3 厘米

1. 长裤（ⅠM26：12）

0 ____ 3 厘米

2. 毛编织带（ⅠM31：2）

0 ____ 8 厘米

5. 披风（ⅠM31：3-1）

Ⅰ号墓地出土毛纺织物

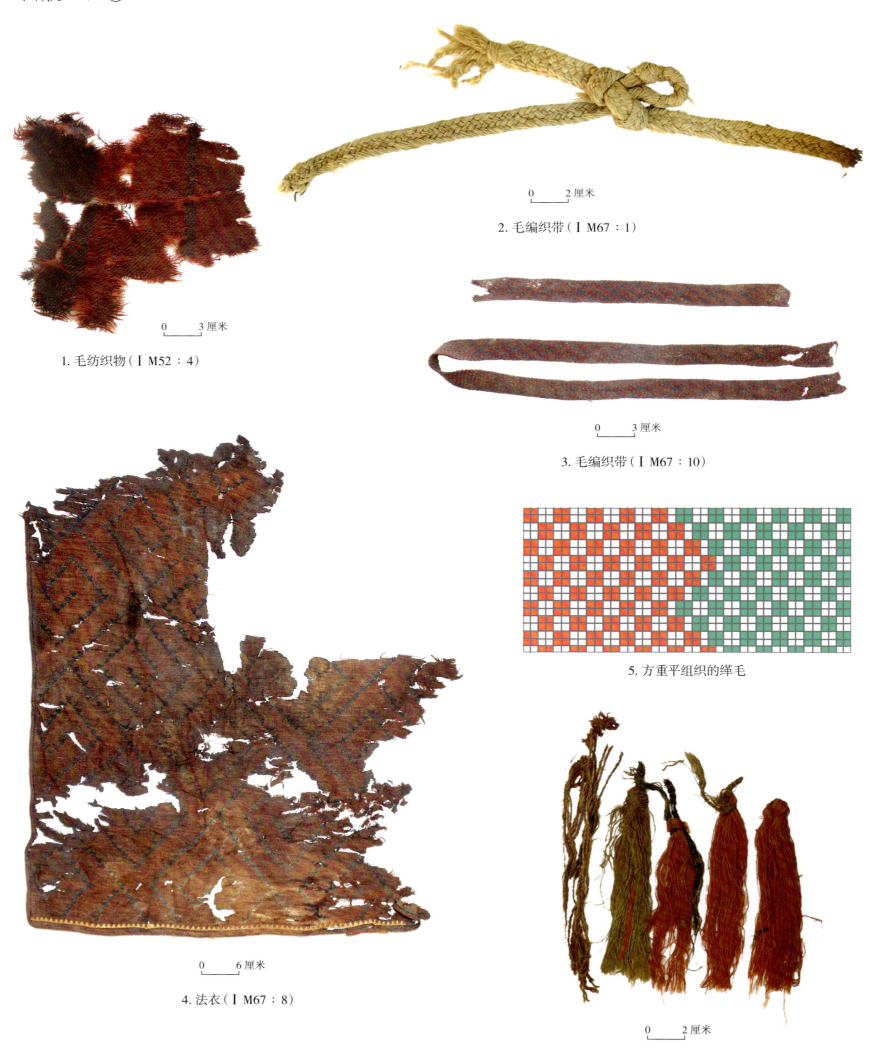

1. 毛纺织物（ⅠM52：4）

2. 毛编织带（ⅠM67：1）

3. 毛编织带（ⅠM67：10）

5. 方重平组织的缂毛

4. 法衣（ⅠM67：8）

6. 毛穗（ⅠM67：13）

Ⅰ号墓地出土毛纺织物及其织法

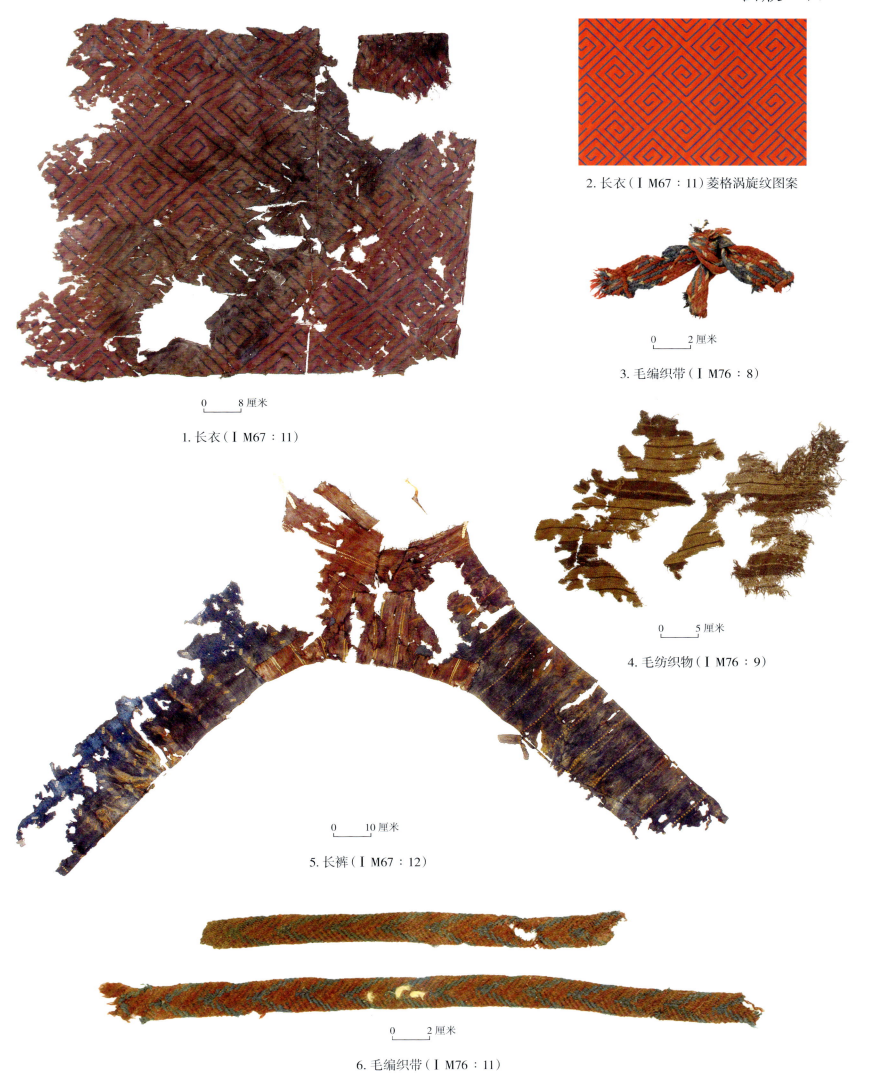

2. 长衣（ⅠM67：11）菱格涡旋纹图案

0　　　　8厘米

1. 长衣（ⅠM67：11）

0　　　　2厘米

3. 毛编织带（ⅠM76：8）

0　　　　5厘米

4. 毛纺织物（ⅠM76：9）

0　　　　10厘米

5. 长裤（ⅠM67：12）

0　　　　2厘米

6. 毛编织带（ⅠM76：11）

Ⅰ号墓地出土毛纺织物及其织法

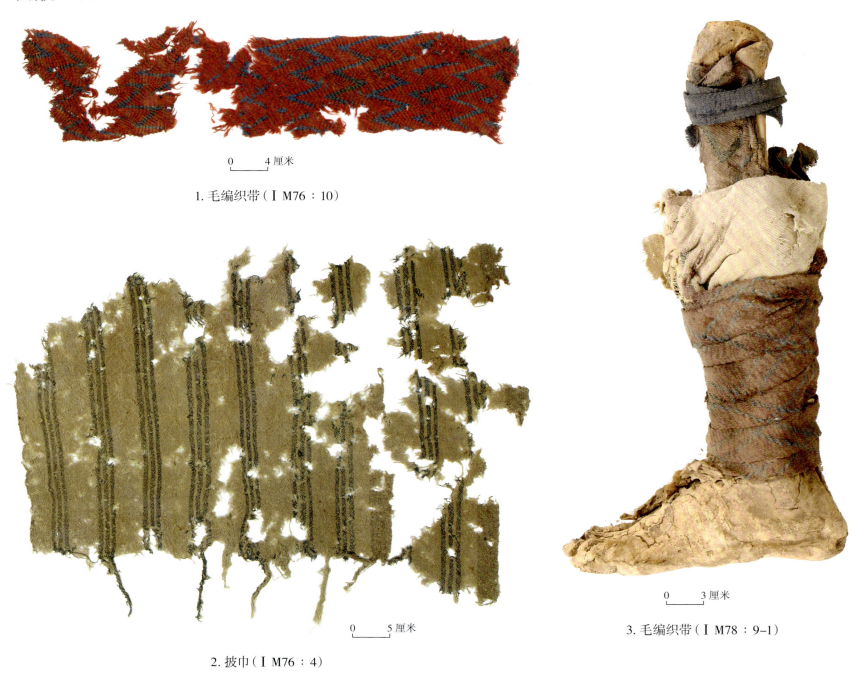

0     4 厘米

1. 毛编织带（ⅠM76：10）

0     5 厘米

2. 披巾（ⅠM76：4）

0     3 厘米

3. 毛编织带（ⅠM78：9-1）

0     6 厘米

4. 长衣残片（ⅠM76：5）

0     3 厘米

5. 披巾（ⅠM76：6-1）

Ⅰ号墓地出土毛纺织物

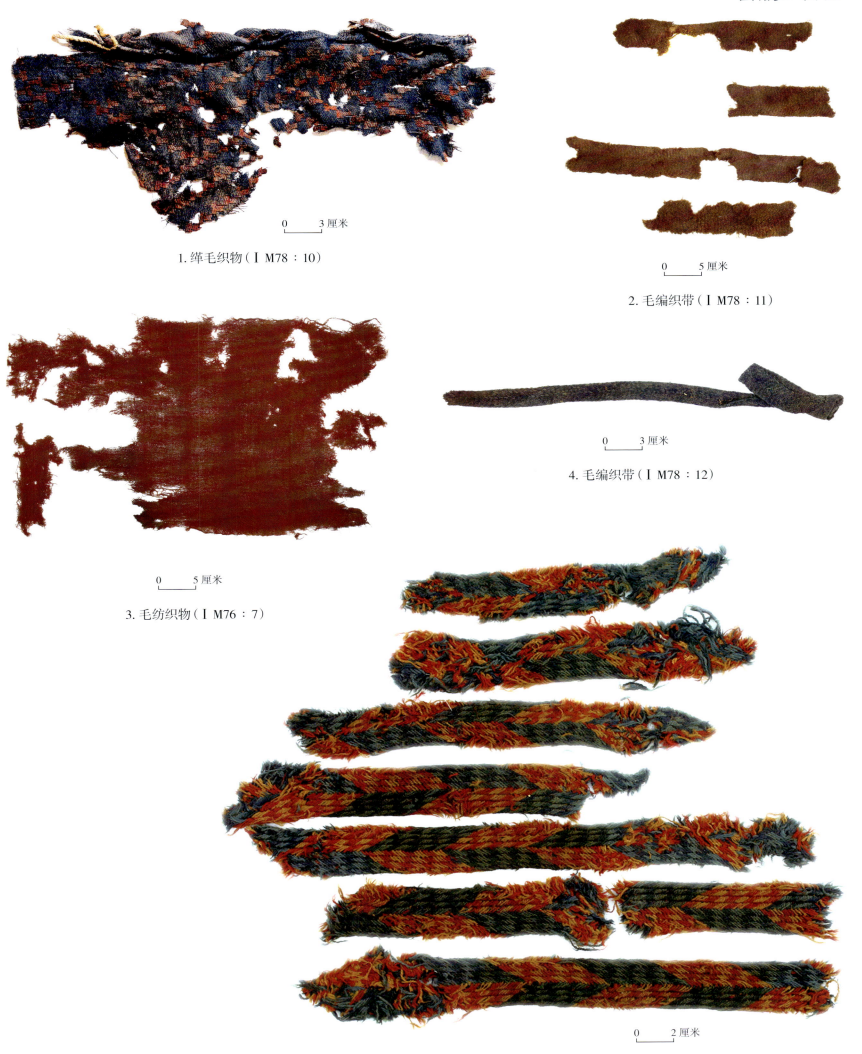

1. 缂毛织物（I M78：10）

0 3 厘米

2. 毛编织带（I M78：11）

0 5 厘米

3. 毛纺织物（I M76：7）

0 5 厘米

4. 毛编织带（I M78：12）

0 3 厘米

5. 毛编织带（I M84：6-1）

0 2 厘米

I 号墓地出土毛纺织物

0 _____ 6 厘米

1. 长衣（ⅠM84：5-1）

0 ____ 2 厘米

2. 长衣（ⅠM84：5-5）

Ⅰ号墓地出土毛纺织物

0　　2 厘米

1. 毛编织带（ⅠM84：7）

0　　2 厘米

2. 毛编织带（ⅠM84：6-2）

0　　8 厘米

3. 毛纺织物（ⅠM87：19）

0　　8 厘米

4. 毛纺织物（ⅠM87：20）

0　　7 厘米

5. 毛编织带（ⅠM87：22）

0　　2 厘米

6. 毛编织带（ⅠM87：21）

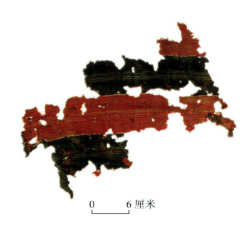

0　　6 厘米

7. 毛纺织物（ⅠM87：18）

0　　8 厘米

8. 毛毯（ⅠM87：23）

Ⅰ号墓地出土毛纺织物

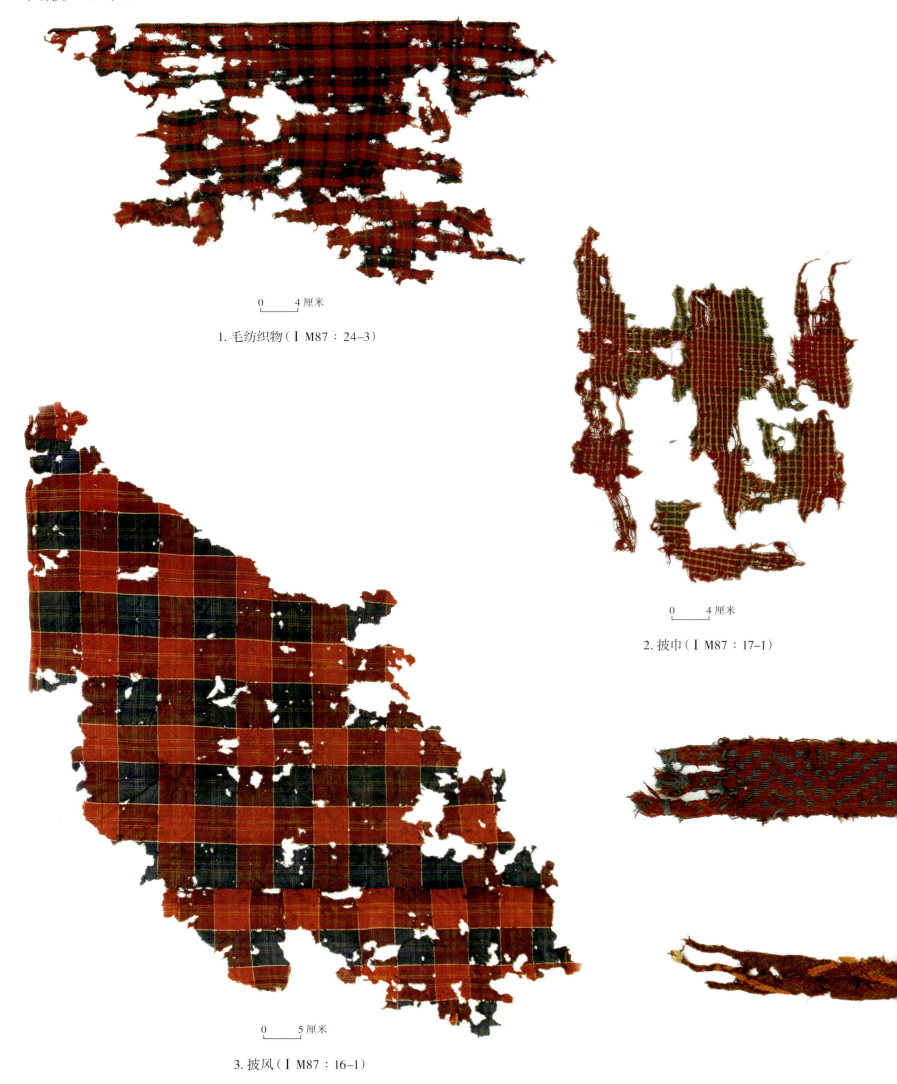

0 —— 4 厘米

1. 毛纺织物（Ⅰ M87：24-3）

0 —— 4 厘米

2. 披巾（Ⅰ M87：17-1）

0 —— 5 厘米

3. 披风（Ⅰ M87：16-1）

Ⅰ号墓地出土毛纺织物

0 —— 5 厘米

1. 毛编织带（ⅠM90：15）

0 —— 4 厘米

2. 毛编织带（ⅠM90：20）

0 —— 3 厘米

3. 毛编织带（ⅠM90：22）

0 —— 5 厘米

4. 毛编织带（ⅠM90：21）

0 —— 5 厘米

5. 毛编织带（ⅠM90：32）

0 —— 5 厘米

6. 毛编织带（ⅠM90：19）

0 —— 3 厘米

7. 毛编织带（ⅠM90：30）

0 —— 5 厘米

8. 毛编织带（ⅠM90：33）

Ⅰ号墓地出土毛纺织物

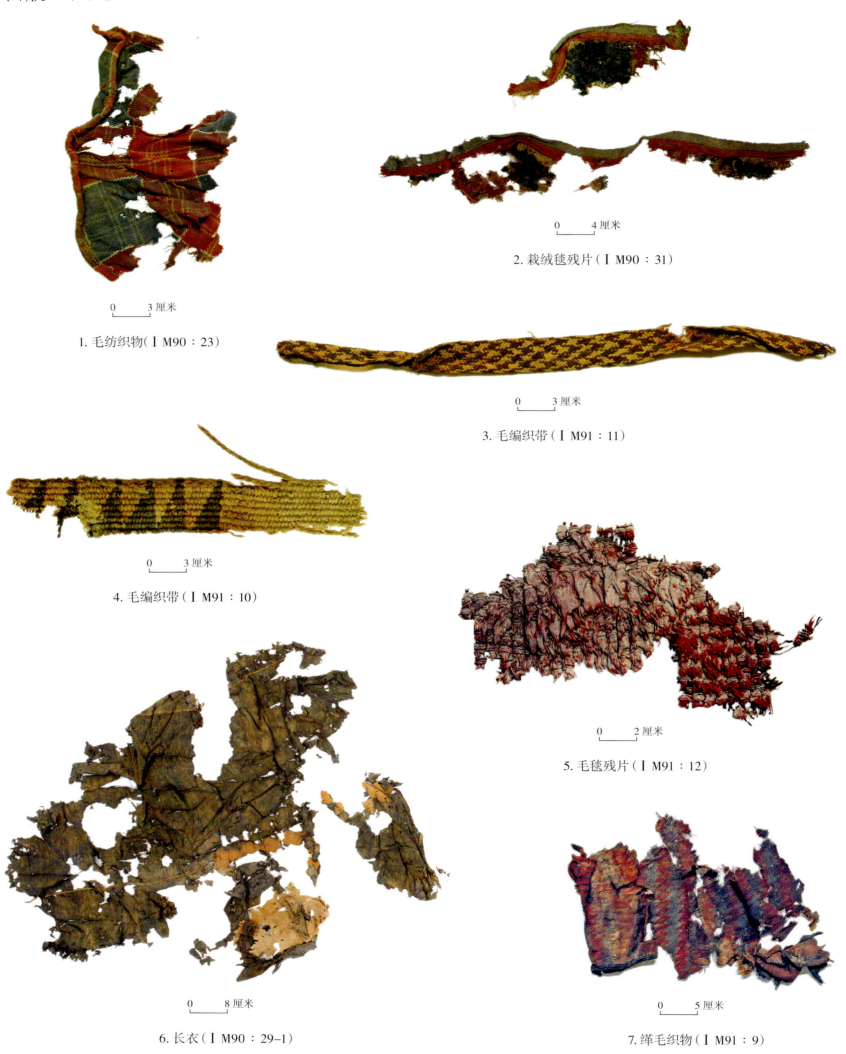

0 ⊢——⊣ 3 厘米

1. 毛纺织物（Ⅰ M90：23）

0 ⊢——⊣ 4 厘米

2. 栽绒毯残片（Ⅰ M90：31）

0 ⊢——⊣ 3 厘米

3. 毛编织带（Ⅰ M91：11）

0 ⊢——⊣ 3 厘米

4. 毛编织带（Ⅰ M91：10）

0 ⊢——⊣ 2 厘米

5. 毛毯残片（Ⅰ M91：12）

0 ⊢——⊣ 8 厘米

6. 长衣（Ⅰ M90：29-1）

0 ⊢——⊣ 5 厘米

7. 绰毛织物（Ⅰ M91：9）

Ⅰ号墓地出土毛纺织物

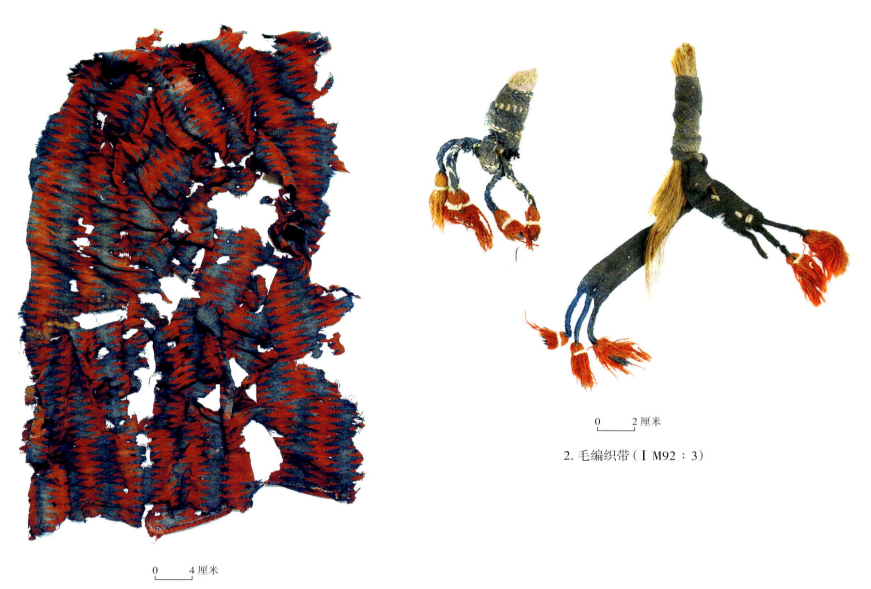

0 ____ 4 厘米

1. 缂毛织物（Ⅰ M92：2）

0 ____ 2 厘米

2. 毛编织带（Ⅰ M92：3）

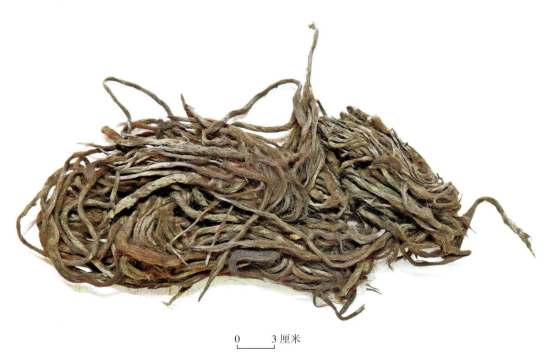

0 ____ 3 厘米

3. 毛绒线（Ⅰ M91：8）

Ⅰ号墓地出土毛纺织物

0     3 厘米

1. 毛编织带（Ⅰ M130：16）

0     3 厘米

2. 毛编织带（Ⅰ M130：17）

0     4 厘米

3. 栽绒毯残片（Ⅰ M95：14）

0     3 厘米

4. 栽绒毯残片（Ⅰ M95：15）

0     10 厘米

5. 双色毛毡（Ⅰ M95：17）

Ⅰ号墓地出土毛纺织物

0 —— 5 厘米

1. 毛纺织物（Ⅰ M130：13）

0 —— 5 厘米

2. 毛纺织物（Ⅰ M130：12）

0 —— 5 厘米

3. 毛纺织物（Ⅰ M130：10）

0 —— 5 厘米

4. 缂毛织物（Ⅰ M130：14）

0 —— 5 厘米

5. 披巾（Ⅰ M130：11）

0 —— 4 厘米

6. 毛毯（Ⅰ M130：18）

0 —— 5 厘米

7. 缂毛织物（Ⅰ M130：15）

Ⅰ号墓地出土毛纺织物

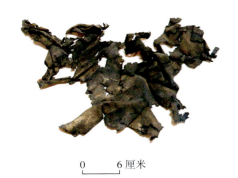

0　　6 厘米

1. 毛纺织物（Ⅰ M133：18）

0　　6 厘米

2. 长衣残片（Ⅰ M133：20）

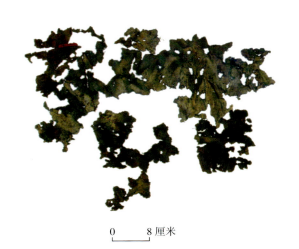

0　　8 厘米

3. 毛纺织物（Ⅰ M133：19）

0　　8 厘米

4. 毛编织带（Ⅰ M133：21）

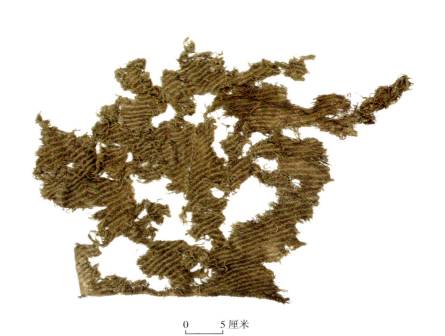

0　　5 厘米

5. 毛纺织物（Ⅰ M133：17）

0　　5 厘米

6. 披巾（Ⅰ M133：22）

Ⅰ号墓地出土毛纺织物

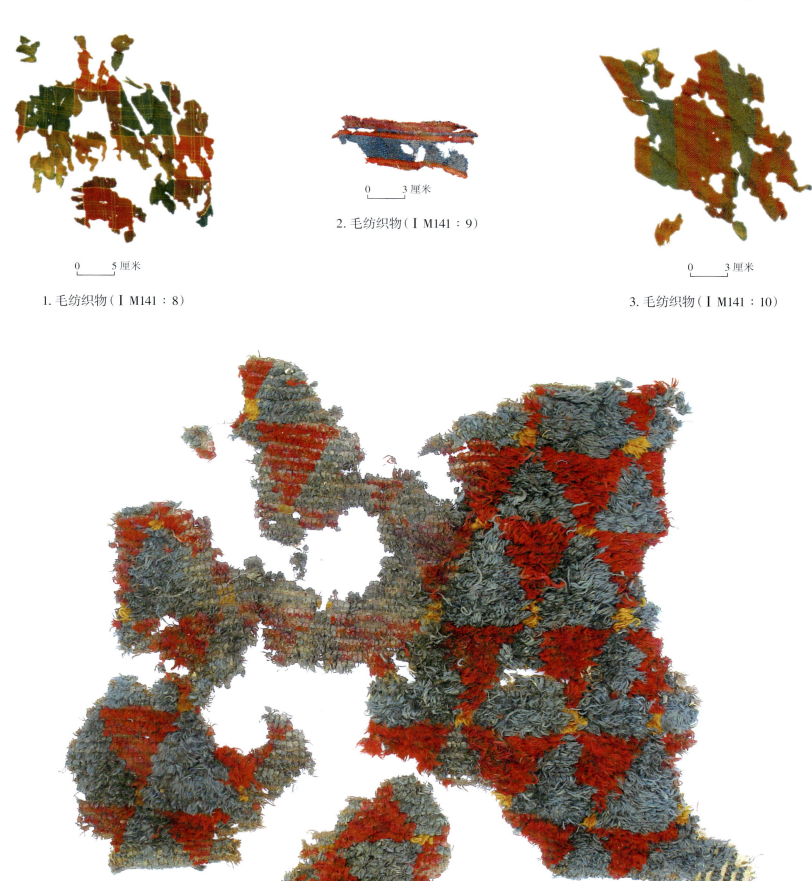

0 ____ 5 厘米

1. 毛纺织物（ⅠM141：8）

0 ____ 3 厘米

2. 毛纺织物（ⅠM141：9）

0 ____ 3 厘米

3. 毛纺织物（ⅠM141：10）

0 ____ 4 厘米

4. 栽绒毯（ⅠM138：11）

Ⅰ号墓地出土毛纺织物

0 ____ 10厘米

1. 长衣（ⅠM145：6）

4. 缂毛织物（ⅠM146：7）菱格涡旋纹图案

0 ____ 10厘米

2. 毛纺织物（ⅠM146：6）

0 __ 3厘米

5. 缂毛织物（ⅠM146：8）

6-2

0 __ 8厘米

3. 缂毛织物（ⅠM146：7）

6-1

0 ____ 10厘米

6. 长衣（ⅠM149：6）

Ⅰ号墓地出土毛纺织物及其织法

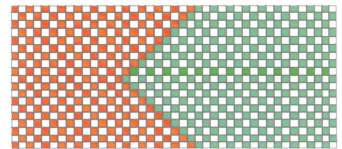

1. 缂毛组织法

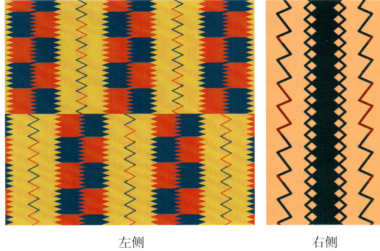

左侧　　　　　　　　右侧

2. 黄地缂几何纹褐图案（M149：6）（左右）

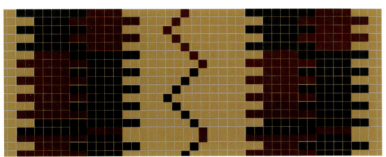

3. 长衣（M149：6）缂毛组织图

7. 毛穗（ⅠM149：4）

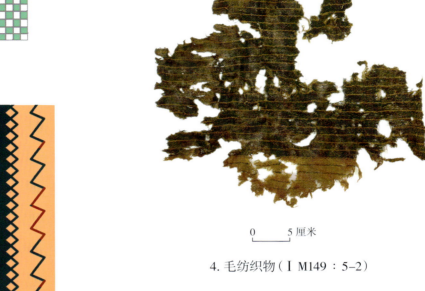

0　　　5厘米

4. 毛纺织物（ⅠM149：5-2）

0　　　5厘米

5. 毛编织带（ⅠM149：12）

0　　　4厘米

6. 毛编织带（ⅠM149：7）

0　　　5厘米

8. 毛编织带（ⅠM149：11）

0　　　4厘米

9. 毛编织带（ⅠM149：9）

Ⅰ号墓地出土毛纺织物及其织法

0      4 厘米

1. 毛编织带（ⅠM157：2）

0      4 厘米

2. 毛编织带（ⅠM157：15）

0      3 厘米

3. 马尾缨穗（ⅠM157：6）

0      8 厘米

4. 长裤（ⅠM157：14）

0      4 厘米

5. 毛穗（ⅠM157：18）

Ⅰ号墓地出土毛纺织物

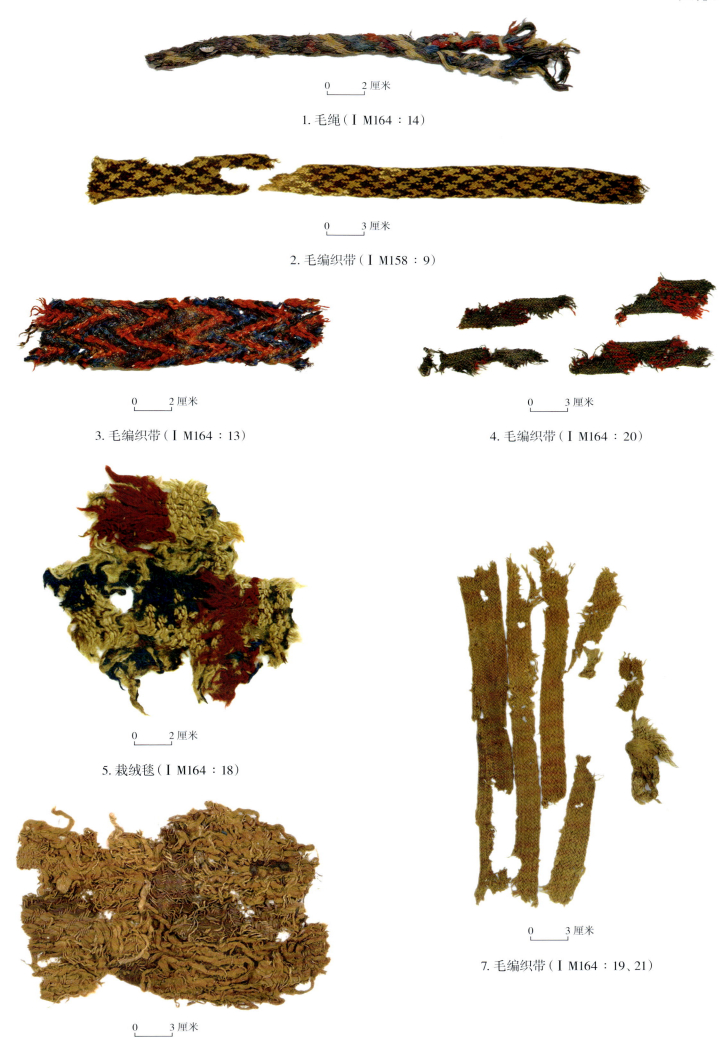

1. 毛绳（ⅠM164：14）

0 —— 2 厘米

2. 毛编织带（ⅠM158：9）

0 —— 3 厘米

3. 毛编织带（ⅠM164：13）

0 —— 2 厘米

4. 毛编织带（ⅠM164：20）

0 —— 3 厘米

5. 栽绒毯（ⅠM164：18）

0 —— 2 厘米

7. 毛编织带（ⅠM164：19、21）

0 —— 3 厘米

6. 毛编织毯（ⅠM164：24）

0 —— 3 厘米

Ⅰ号墓地出土毛纺织物

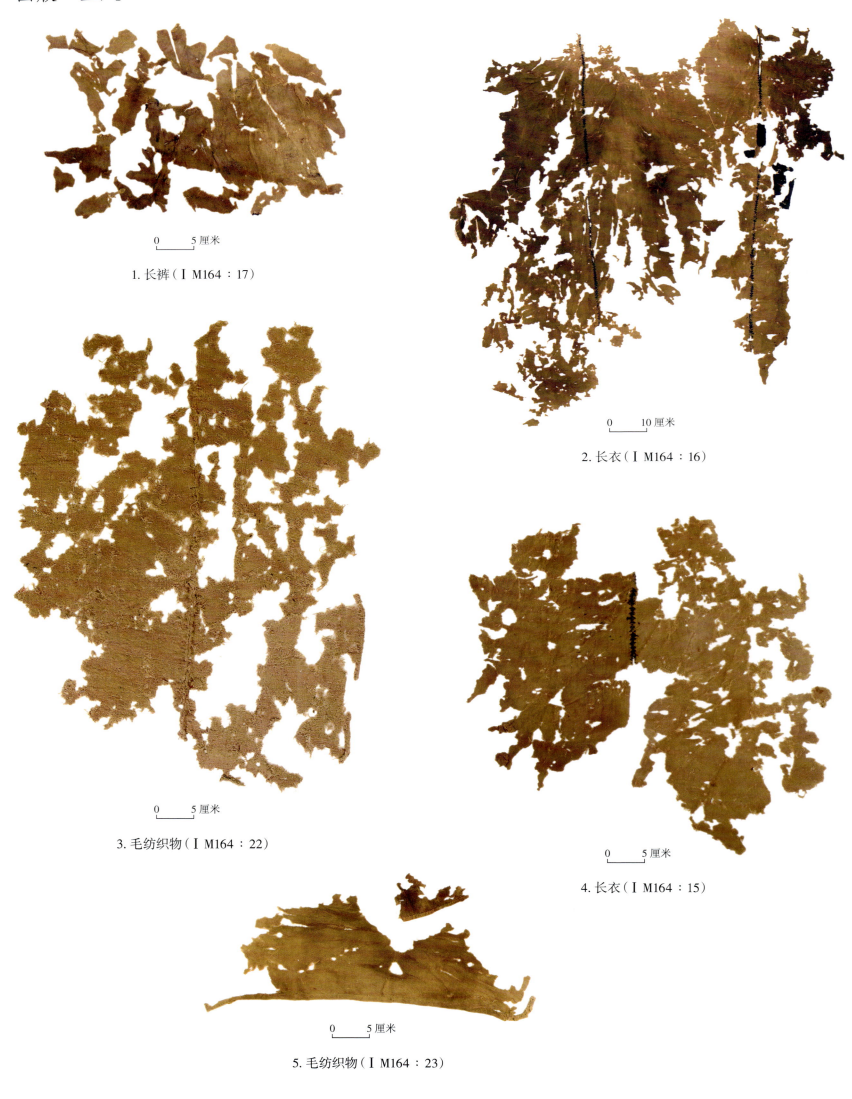

0 — 5 厘米

1. 长裤（Ⅰ M164：17）

0 — 10 厘米

2. 长衣（Ⅰ M164：16）

0 — 5 厘米

3. 毛纺织物（Ⅰ M164：22）

0 — 5 厘米

4. 长衣（Ⅰ M164：15）

0 — 5 厘米

5. 毛纺织物（Ⅰ M164：23）

Ⅰ号墓地出土毛纺织物

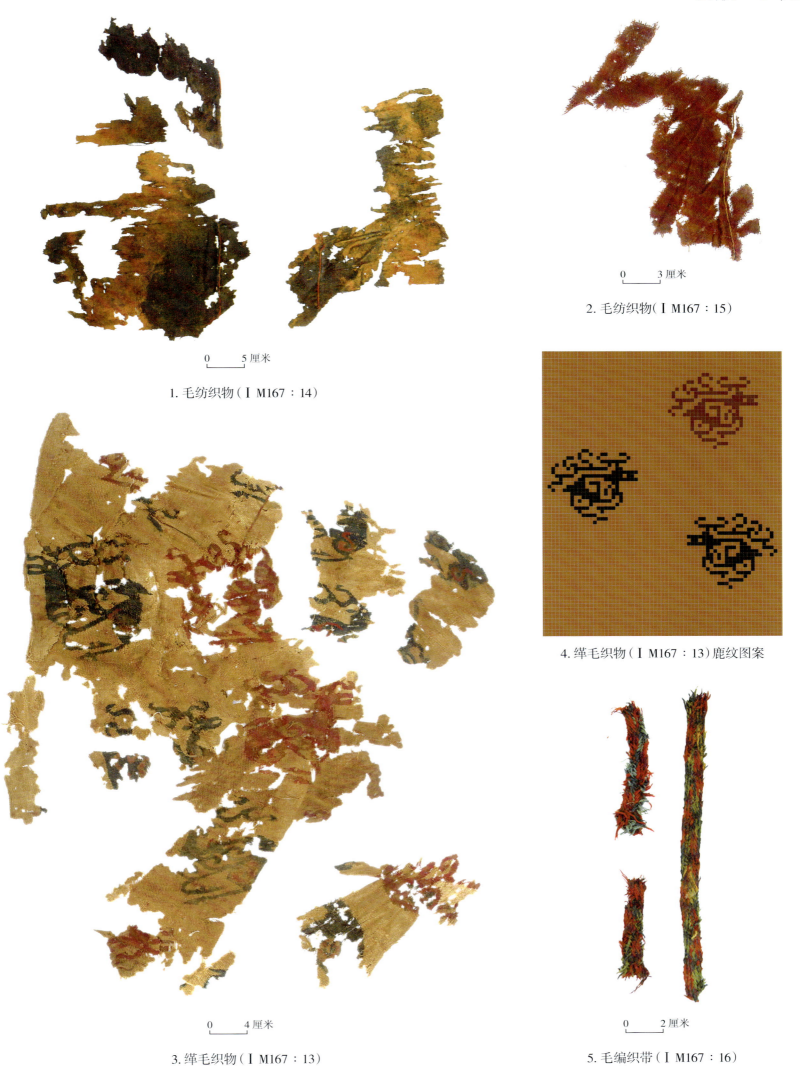

0      5 厘米

1. 毛纺织物（Ⅰ M167：14）

0      3 厘米

2. 毛纺织物（Ⅰ M167：15）

4. 缂毛织物（Ⅰ M167：13）鹿纹图案

0      4 厘米

3. 缂毛织物（Ⅰ M167：13）

0      2 厘米

5. 毛编织带（Ⅰ M167：16）

Ⅰ号墓地出土毛纺织物及其织法

0    3 厘米

1. 毛编织带（ⅠM181：4）

0    4 厘米

2. 毛编织带（ⅠM174：4）

0    8 厘米

3. 长衣（ⅠM174：2）

0    8 厘米

4. 长衣（ⅠM175：1-1）

0    5 厘米

5. 长衣（ⅠM175：1-2）

0    5 厘米

6. 毛纺织物（ⅠM181：3）

Ⅰ号墓地出土毛纺织物

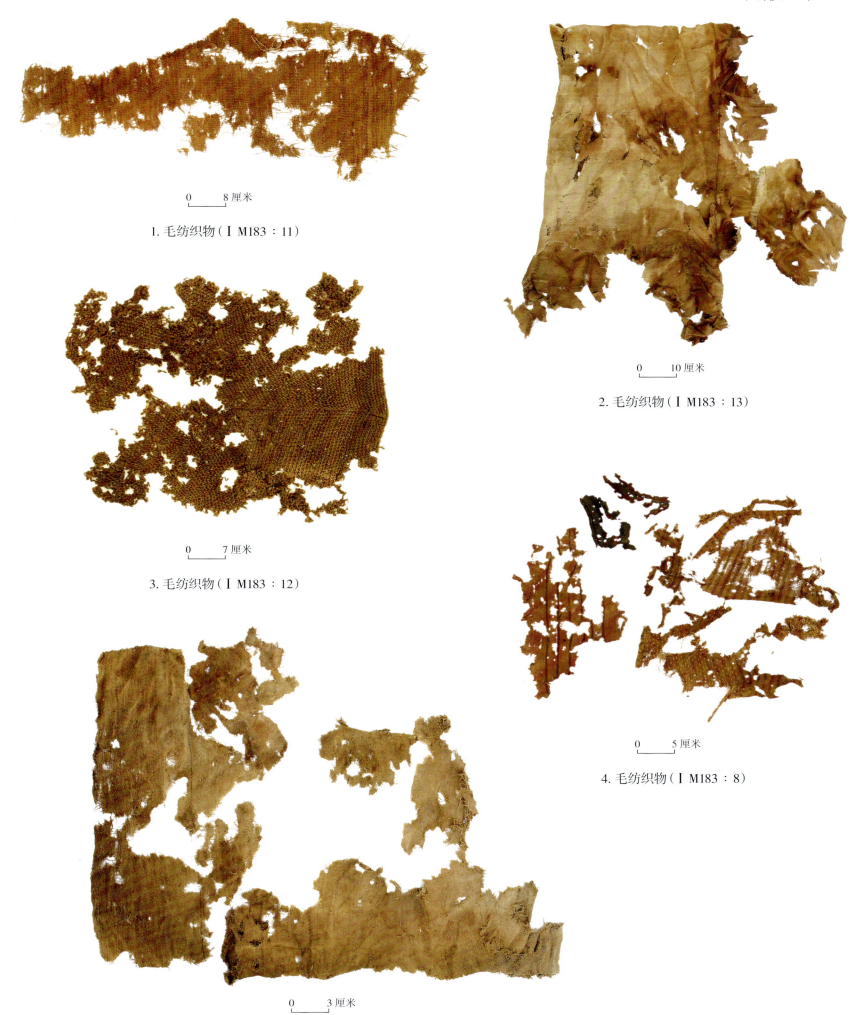

0 —— 8 厘米

1. 毛纺织物（ⅠM183：11）

0 —— 10 厘米

2. 毛纺织物（ⅠM183：13）

0 —— 7 厘米

3. 毛纺织物（ⅠM183：12）

0 —— 5 厘米

4. 毛纺织物（ⅠM183：8）

0 —— 3 厘米

5. 毛纺织物（ⅠM183：7）

Ⅰ号墓地出土毛纺织物

0    3 厘米

2. 毛编织带（Ⅰ M208∶11）

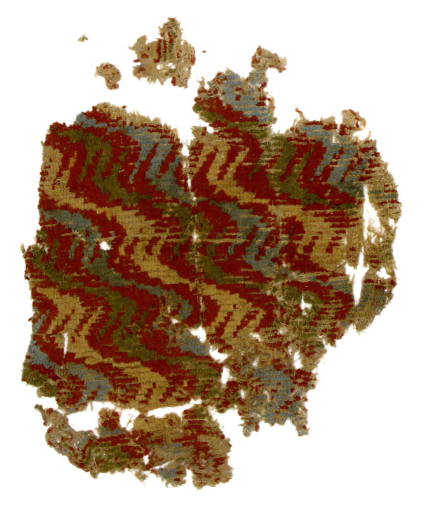

0    5 厘米

1. 栽绒毛毯（Ⅰ M189∶17）

0    4 厘米

3. 毛纺织物（Ⅰ M209∶12）

0    6 厘米

4. 毛纺织物（Ⅰ M209∶13）

0    6 厘米

5. 缂毛织物（Ⅰ M209∶10）

0    2 厘米

6. 毛编织带（Ⅰ M209∶17）

Ⅰ号墓地出土毛纺织物

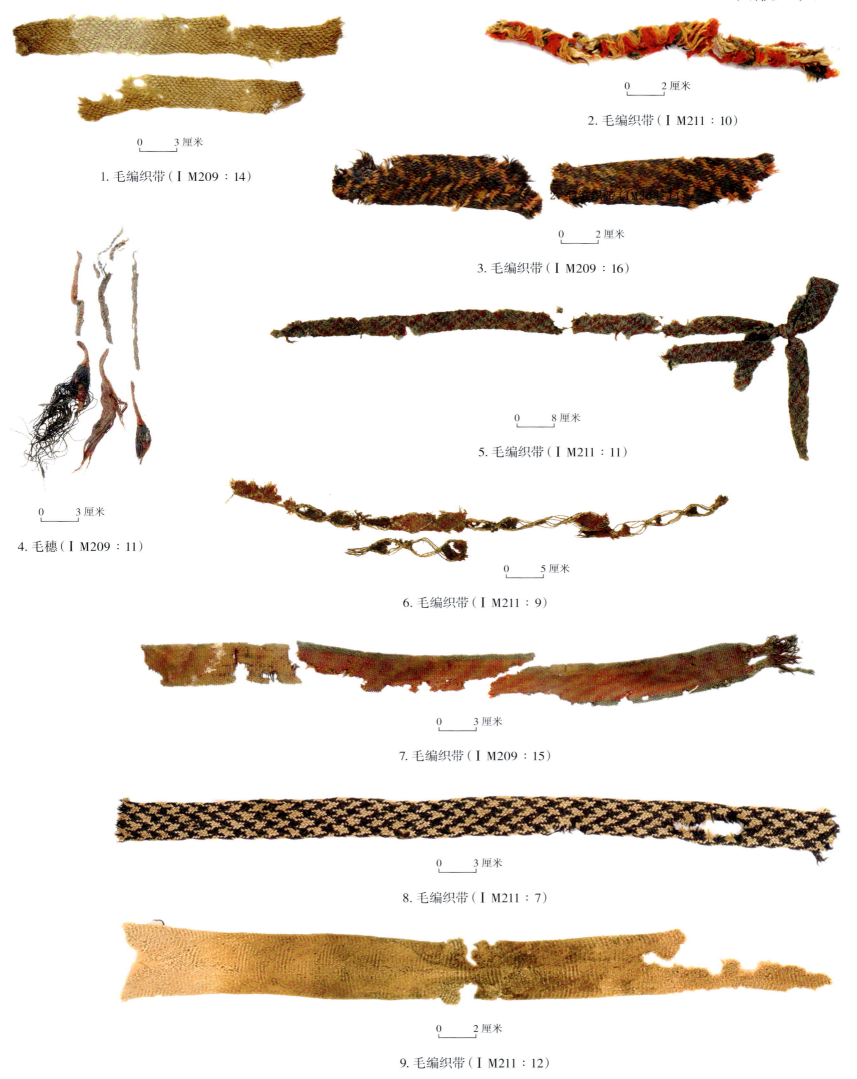

0    3厘米

1. 毛编织带（ⅠM209：14）

0    2厘米

2. 毛编织带（ⅠM211：10）

0    2厘米

3. 毛编织带（ⅠM209：16）

0    3厘米

4. 毛穗（ⅠM209：11）

0    8厘米

5. 毛编织带（ⅠM211：11）

0    5厘米

6. 毛编织带（ⅠM211：9）

0    3厘米

7. 毛编织带（ⅠM209：15）

0    3厘米

8. 毛编织带（ⅠM211：7）

0    2厘米

9. 毛编织带（ⅠM211：12）

Ⅰ号墓地出土毛纺织物

0 _____ 10 厘米

1. 长衣（Ⅰ M211：3）

0 _____ 10 厘米

2. 毛纺织物（Ⅰ M211：4）

0 _____ 10 厘米

3. 长衣（Ⅰ M211：2）

0 _____ 4 厘米

4. 缂毛织物（Ⅰ M211：8-2）

Ⅰ号墓地出土毛纺织物

I 号墓地出土毛纺织物

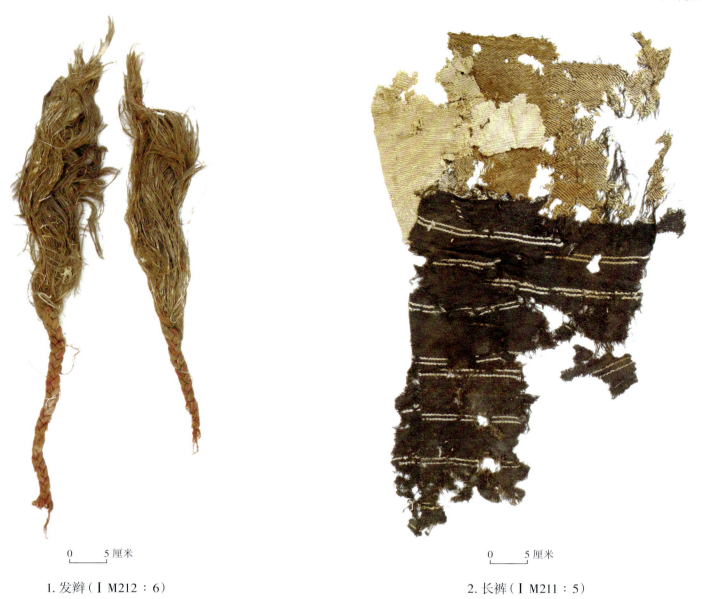

0 _____ 5 厘米

1. 发辫（Ⅰ M212：6）

0 _____ 5 厘米

2. 长裤（Ⅰ M211：5）

0 _____ 6 厘米

3. 毛纺织物（Ⅰ M213：8）

Ⅰ 号墓地出土毛纺织物

0 ___ 5 厘米

1. 衣袖残片（ⅡM3：10）

0 ___ 5 厘米

2. 毛编织带（ⅡM3：9）

0 ___ 5 厘米

3. 毛编织带（ⅡM3：11）

0 ___ 8 厘米

4. 毛纺织物（ⅡM3：7）

0 ___ 8 厘米

5. 毛纺织物（ⅡM3：6）

0 ___ 10 厘米

6. 长衣残片（ⅡM3：5）

0 ___ 8 厘米

7. 毛纺织物（ⅡM3：8）

Ⅱ号墓地出土毛纺织物

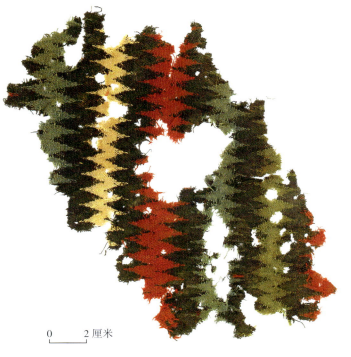

0 2 厘米

1. 缂毛织物（Ⅱ M12：11）

0 4 厘米

2. 地毯（Ⅱ M23：12）

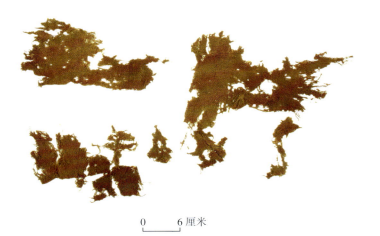

0 6 厘米

3. 毛纺织物（Ⅱ M23：13）

0 3 厘米

4. 毛绳残段（Ⅱ M23：11）

0 5 厘米

5. 毛编织带接裙（Ⅱ M23：10）

Ⅱ号墓地出土毛纺织物

0    2 厘米

1. 毛编织带（Ⅱ M41：8）

0    2 厘米

2. 毛毯残片（Ⅱ M46：6）

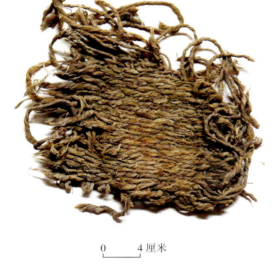

0    4 厘米

3. 毛纺织物（Ⅱ M46：5）

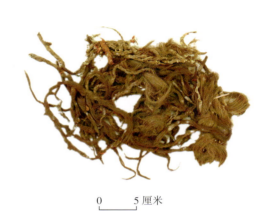

0    5 厘米

4. 毛线绳（Ⅱ M63：13）

0    4 厘米

5. 毛纺织物（Ⅱ M60：11）

0    3 厘米

6. 毛纺织物（Ⅱ M63：11）

0    3 厘米

7. 毛编织带（Ⅱ M60：12）

Ⅱ号墓地出土毛纺织物

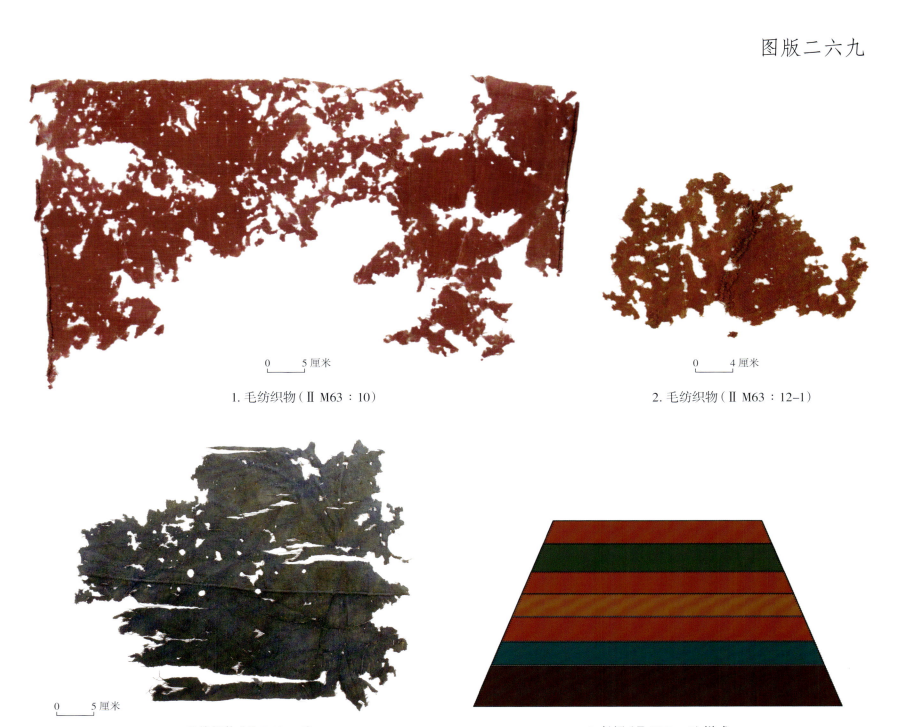

0 ____ 5 厘米

1. 毛纺织物（Ⅱ M63：10）

0 ____ 4 厘米

2. 毛纺织物（Ⅱ M63：12-1）

0 ____ 5 厘米

3. 毛纺织物（Ⅱ M72：6）

4. 长裙（Ⅱ M77：5）样式

0 ____ 12 厘米

5. 长裙（Ⅱ M77：5）

Ⅱ号墓地出土毛纺织物及其织法

1. 毛纺织物（ⅡM84：8）

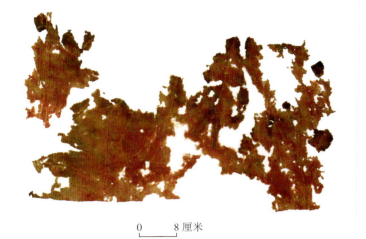

2. 毛纺织物（ⅡM84：6）

3. 马尾（ⅡM104：7）

4. 毛纺织物（ⅡM111：4）

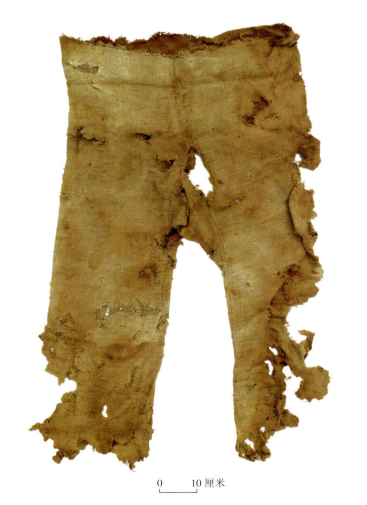

5. 长裤（ⅡM77：6）

6. 毛纺织物（ⅡM115：2）

Ⅱ号墓地出土毛纺织物

0 ———— 6 厘米

1. 毛绳（Ⅱ M125：7）

0 ———— 8 厘米

2. 毛纺织物（Ⅱ M152：20）

0 ———— 2 厘米

3. 毛编织带（Ⅱ M152：18）

0 ———— 3 厘米

4. 毛编织带（Ⅱ M152：17）

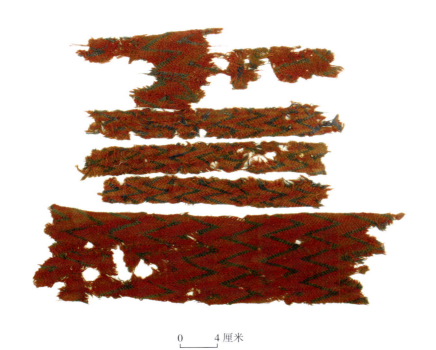

0 ———— 4 厘米

5. 毛编织带（Ⅱ M152：21）

0 ———— 3 厘米

6. 毛线穗（Ⅱ M121：6）

Ⅱ号墓地出土毛纺织物

0 ⊢——⊣ 5厘米

1. 毛纺织物（ⅡM157：12）

0 ⊢——⊣ 10厘米

2. 长裤（ⅡM152：15）

0 ⊢——⊣ 10厘米

3. 毛纺织物（ⅡM152：16）

0 ⊢——⊣ 4厘米

5. 毛编织带（ⅡM152：19）

0 ⊢——⊣ 10厘米

4. 毛裙（ⅡM157：11-1）

Ⅱ号墓地出土毛纺织物

0      5 厘米

1. 毛编织带接裙（Ⅱ M163：11）

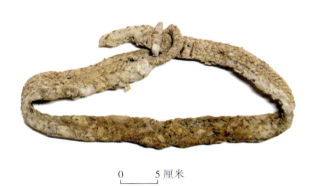

0      5 厘米

3. 毛编织带（Ⅱ M205：12）

0      10 厘米

2. 毛纺织物（Ⅱ M163：12）

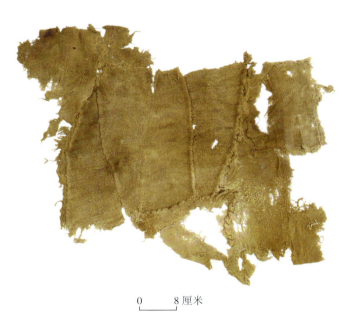

0      8 厘米

4. 长裤（Ⅱ M163：14）

0      8 厘米

5. 毛纺织物（Ⅱ M205：21）

Ⅱ号墓地出土毛纺织物

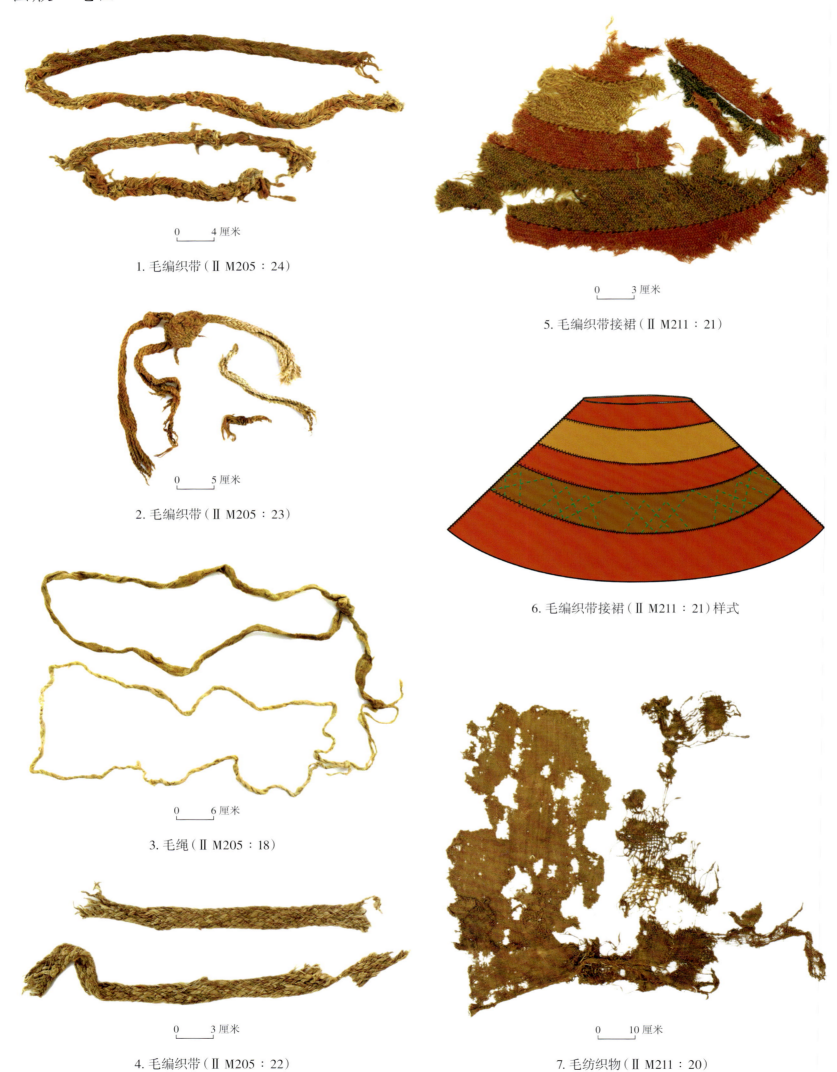

0     4 厘米

1. 毛编织带（Ⅱ M205：24）

0     5 厘米

2. 毛编织带（Ⅱ M205：23）

0     6 厘米

3. 毛绳（Ⅱ M205：18）

0     3 厘米

4. 毛编织带（Ⅱ M205：22）

0     3 厘米

5. 毛编织带接裙（Ⅱ M211：21）

6. 毛编织带接裙（Ⅱ M211：21）样式

0     10 厘米

7. 毛纺织物（Ⅱ M211：20）

Ⅱ号墓地出土毛纺织物及其复原样式

0 —— 2 厘米

1. 毛编织带（Ⅲ M1：14）

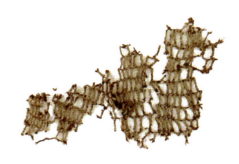

0 —— 2 厘米

2. 毛发罩（Ⅲ M1：13）

0 —— 4 厘米

3. 毛纺织物（Ⅲ M3：12）

0 —— 4 厘米

4. 毛编织带接裙（Ⅲ M7：7）

0 —— 4 厘米

5. 毛发罩（Ⅲ M7：2）

0 —— 3 厘米

6. 毛绳（Ⅲ M11：9）

Ⅲ号墓地出土毛纺织物

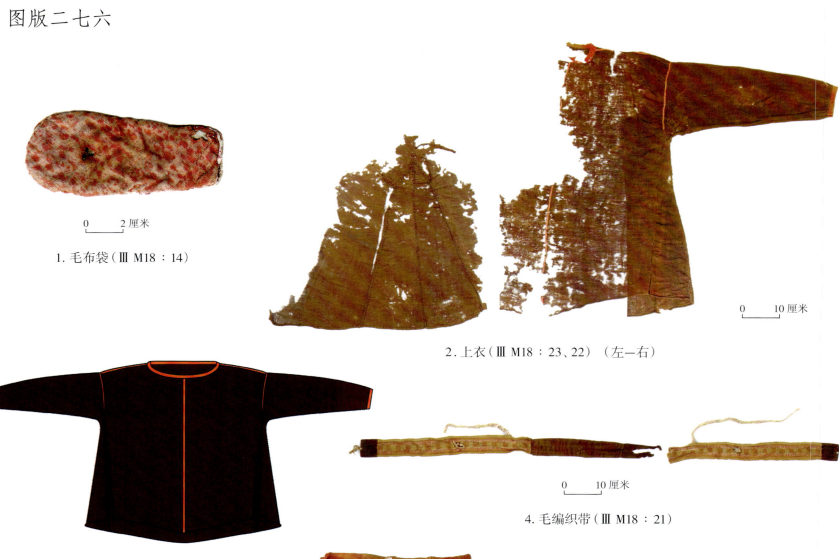

0 ___ 2 厘米

1. 毛布袋（Ⅲ M18：14）

2. 上衣（Ⅲ M18：23、22）（左—右）

0 ___ 10 厘米

0 ___ 10 厘米

4. 毛编织带（Ⅲ M18：21）

3. 上衣（Ⅲ M18：22）样式

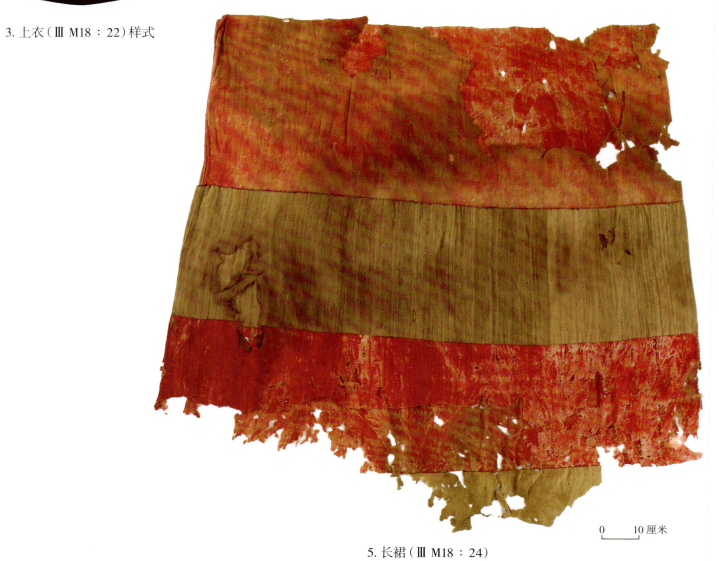

0 ___ 10 厘米

5. 长裙（Ⅲ M18：24）

Ⅲ号墓地出土毛纺织物及其复原样式

0 —— 4 厘米

1. 毛纺织物（Ⅲ M21：18）

0 —— 8 厘米

2. 毛纺织物（Ⅲ M29：7）

0 —— 10 厘米

3. 毛纺织物（Ⅲ M25：15）

0 —— 10 厘米

4. 毛纺织物（Ⅲ M36：14）

0 —— 4 厘米

5. 毛编织带（Ⅲ M36：10）

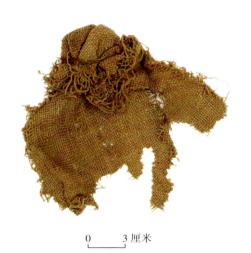

0 —— 3 厘米

6. 毛布包（Ⅲ M36：9）

0 —— 3 厘米

7. 毛编织带（Ⅲ M21：15）

Ⅲ号墓地出土毛纺织物

0 —— 3 厘米

1. 毡帽（Ⅲ M77：4）

0 —— 3 厘米

2. 棉帽（Ⅲ M76：16）

0 —— 6 厘米

3. 毛纺织物接裙（Ⅲ M37：13）

0 —— 8 厘米

4. 长裙（Ⅲ M76：15）

0 —— 6 厘米

5. 长衣残片（Ⅲ M37：14）

Ⅲ号墓地出土毛纺织物

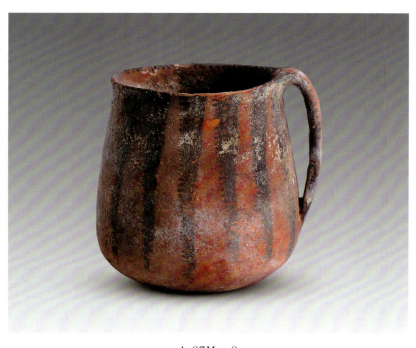

1. 87M：8

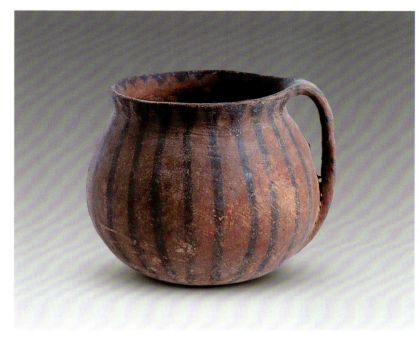

2. 87M：9

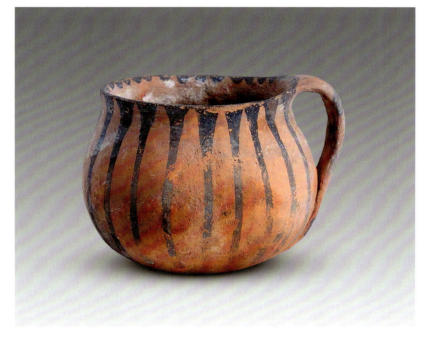

3. 87M：10

4. 87M：11

5. 87M：29

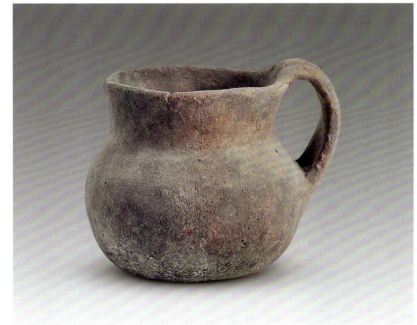

6. 87M：32

陶单耳罐（流散）

1. 87M：64

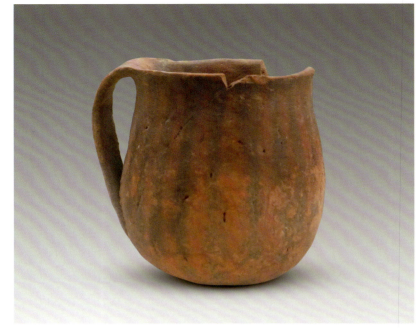

2. 87M：78

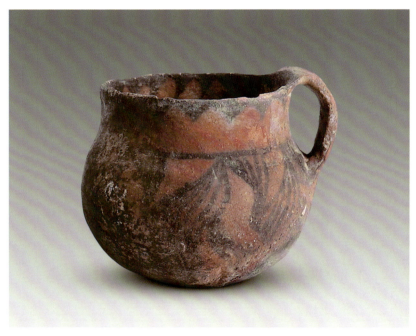

3. 87M：84

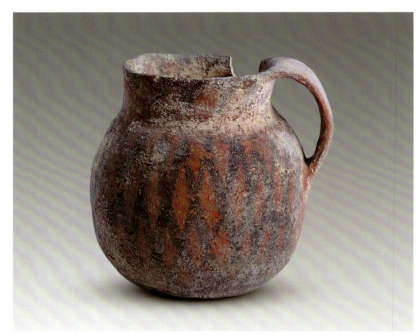

4. 87M：85

5. 87M：87

6. 87M：94

陶单耳罐（流散）

1. 单耳罐（87M：240）

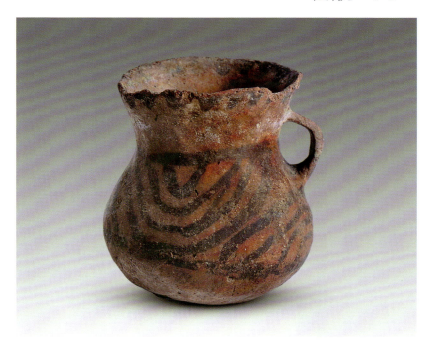

2. 壶（87M：6）

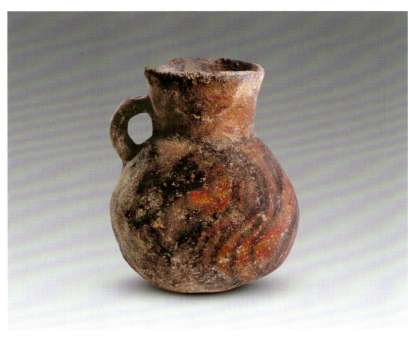

3. 壶（87M：18）

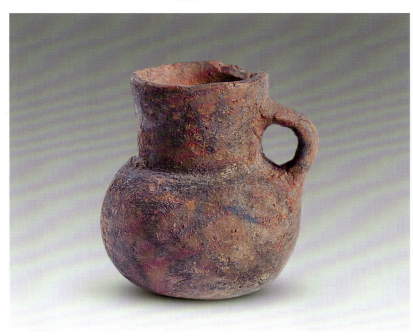

4. 壶（87M：30）

5. 壶（87M：40）

6. 壶（87M：69）

陶单耳罐、壶（流散）

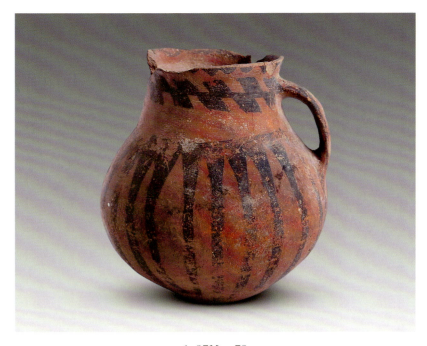

1. 87M：79

2. 87M：80

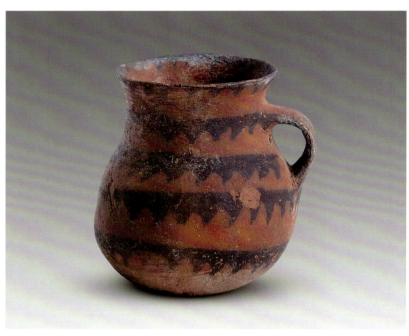

3. 87M：81

4. 87M：96

5. 87M：184

6. 87M：187

陶壶（流散）

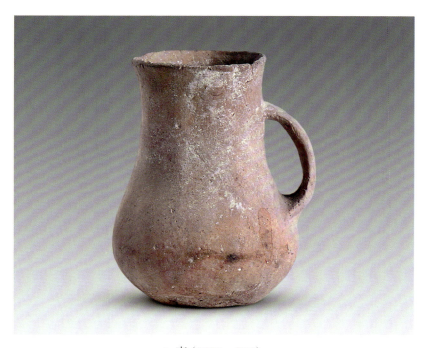

1. 壶（87M：216）

2. 壶（87M：217）

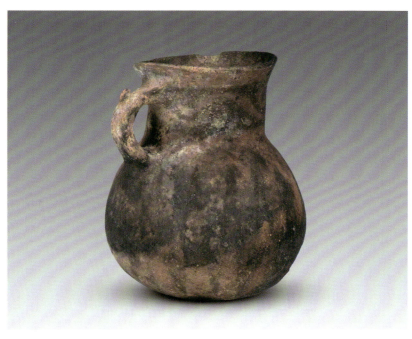

3. 壶（87M：230）

4. 钵（87M：4）

5. 钵（87M：20）

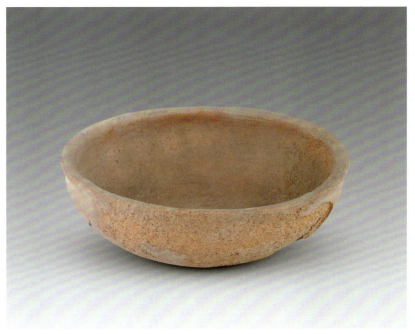

6. 钵（87M：21）

陶壶、钵（流散）

1. 87M：26

2. 87M：39

3. 87M：54

4. 87M：57

5. 87M：67

6. 87M：110

陶钵（流散）

1. 钵（87M：186）

2. 钵（87M：221）

3. 钵（87M：222）

4. 立耳杯（87M：16）

5. 立耳杯（87M：88）

6. 立耳杯（87M：89）

陶钵、立耳杯（流散）

1. 立耳杯（87M：104）

2. 横耳杯（87M：3）

3. 竖耳杯（87M：5）

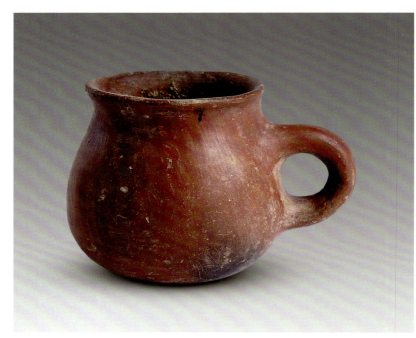

4. 竖耳杯（87M：23）

5. 竖耳杯（87M：25）

6. 竖耳杯（87M：27）

陶器（流散）

1. 87M：31

2. 87M：35

3. 87M：36

4. 87M：70

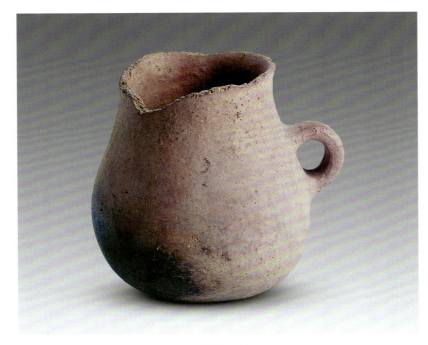

5. 87M：71

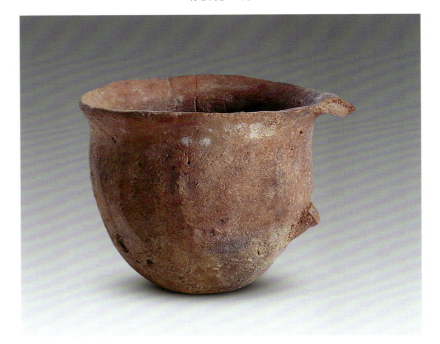

6. 87M：90

陶竖耳杯（流散）

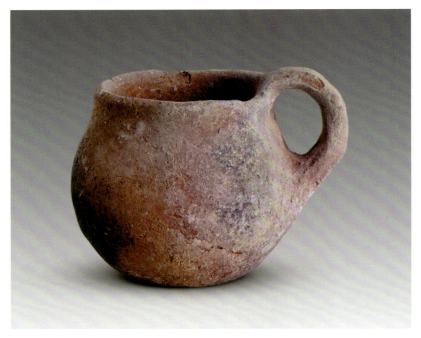

1. 竖耳杯（87M：173）

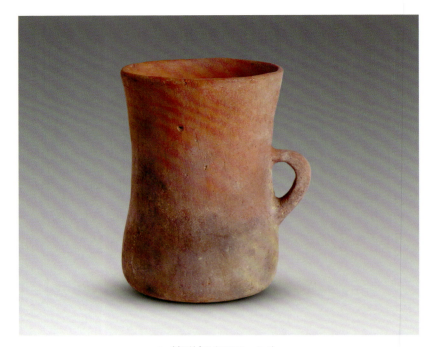

2. 筒形杯（87M：34）

3. 筒形杯（87M：131）

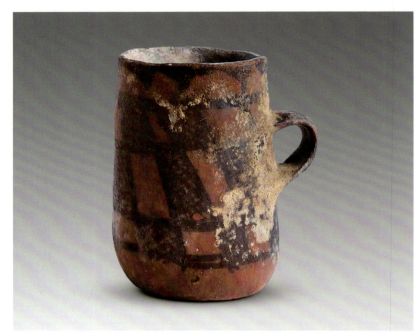

4. 筒形杯（87M：219）

5. 带流罐（87M：12）

6. 带流罐（87M：37）

陶器（流散）

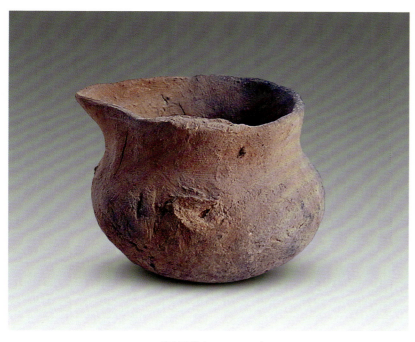

1. 带流罐（87M：38）

2. 带流罐（87M：86）

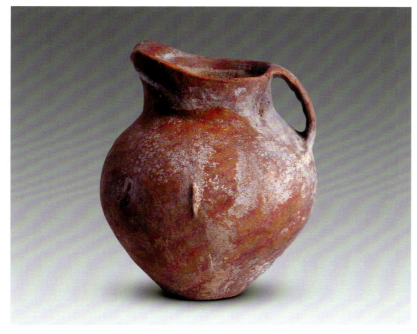

3. 带流罐（87M：136）

4. 圈足罐（87M：2）

5. 圈足罐（87M：83）

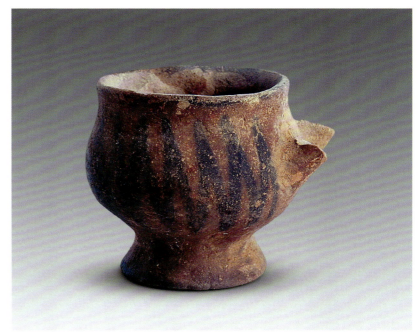

6. 圈足罐（87M：101）

陶带流罐、圈足罐（流散）

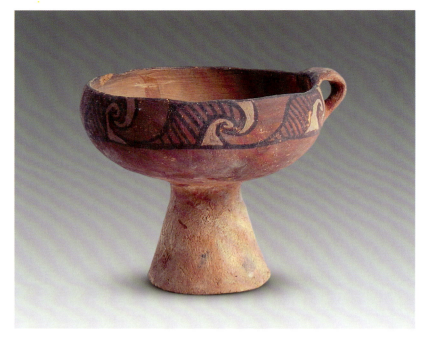

1. 圈足盘（87M：17）

2. 盆（87M：1）

3. 盆（87M：13）

4. 盆（87M：14）

5. 盆（87M：15）

6. 盆（87M：53）

陶圈足盘、盆（流散）

1. 87M：56

2. 87M：82

3. 87M：100

4. 87M：129

5. 87M：177

6. 87M：179

陶盆（流散）

1. 陶釜（87M：103）

2. 陶桶形器（87M：162）

3. 木盘（87M：138）

4. 木盘（87M：146）

5. 木盘（87M：148）

6. 木盘（87M：149）

7. 木盆（87M：42）

陶、木器（流散）

1. 盆（87M：108）

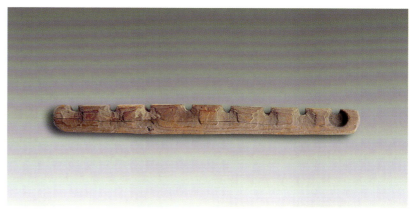

3. 取火板（87M：62）

2. 桶（87M：122）

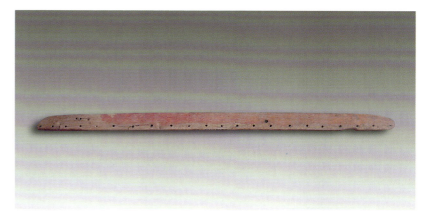

4. 撑板（87M：63）

5. 撑板（87M：153）

6. 梳（87M：93）

7. 梳（87M：223）

8. 梳（87M：237）

木器（流散）

1. 复合弓（87M：152）

2. 木旋镖（87M：175）

3. 木盒（87M：226）

4. 木器具（87M：246）

5. 铜戈（87M：59、60）

6. 铜斧（87M：208）

7. 铜镞（87M：91）

器物（流散）

1. 铃（87M：47）

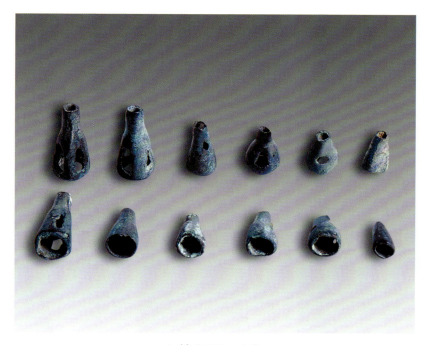

2. 铃（87M：48）

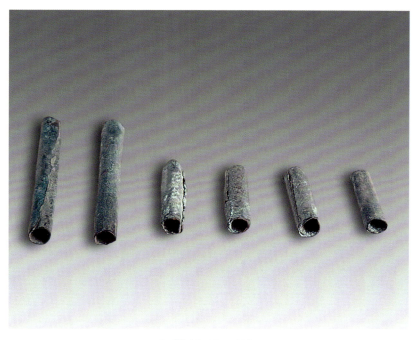

3. 管（87M：49）

4. 镜（87M：92）

5. 节约（87M：50）

6. 坠饰（87M：44）

铜器（流散）

1. 铜坠饰（87M：51）

2. 铜仿贝饰（87M：107）

3. 铁衔、镳（87M：130）

4. 骨节约（87M：233）

5. 砺石（87M：97）

6. 金花（87M：142）

7. 玻璃珠（87M：124）

器物（流散）

1. 竖长耳杯（90M：1）

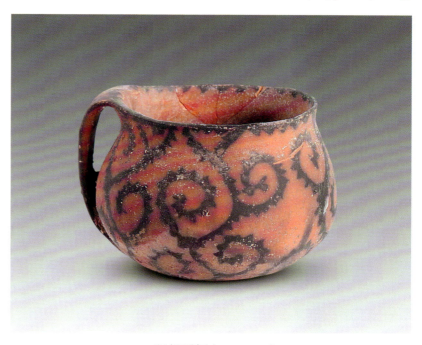

2. 竖长耳杯（98M：40）

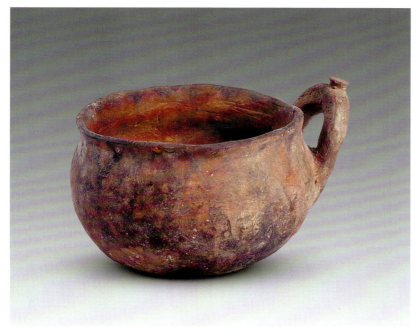

3. 腹横耳杯（94M：17）

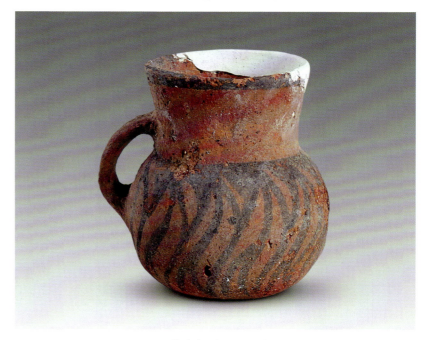

4. 曲腹杯（00M：5）

5. 曲腹杯（96M：72）

6. 双耳罐（96M：29）

陶器（流散）

1.92M：8

2.92M：7

3.92M：28

4.94M：21

陶盆（流散）

1. 陶壶（98M：41）

2. 铜镜（99M：1）

3. 铜铃（01M：5）

4. 铜铃管（01M：6）

5. 铜铃管（01M：7）

6. 铜马辔饰（01M：12）

陶、铜器（流散）

1. 01M：21

2. 01M：22

3. 01M：23

木桶（流散）

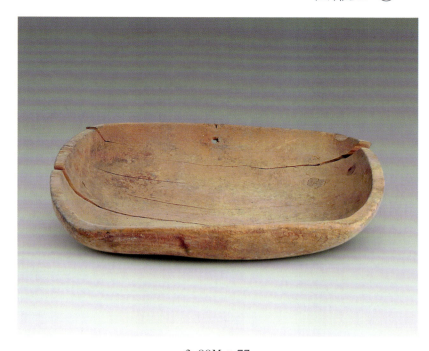

3.99M：77

1.02M：25

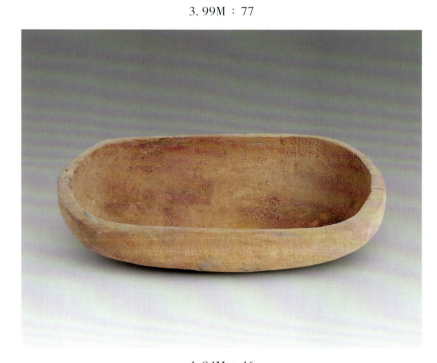

4.94M：46

2.94M：47

5.95M：51

木盘（流散）

1. 四足盘（90M：2）

5. 撑板（95M：57）

2. 盘（95M：50）

6. 梳（01M：24）

3. 臼（98M：39）

4. 匜（95M：5）

7. 竖琴（93M：53）

木器（流散）

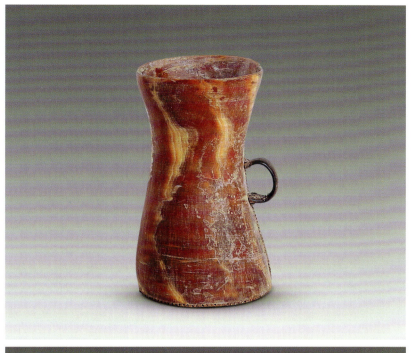

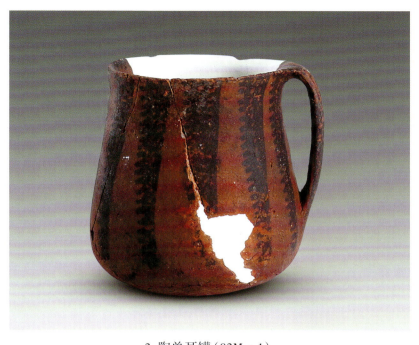

3. 陶单耳罐（03M：1）

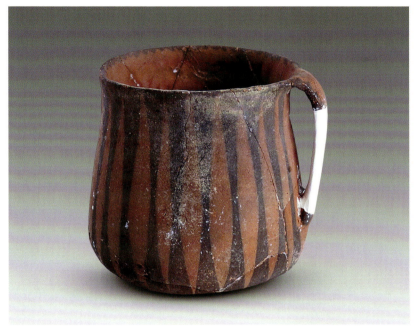

1. 角杯（92M：1）

4. 陶单耳罐（03M：2）

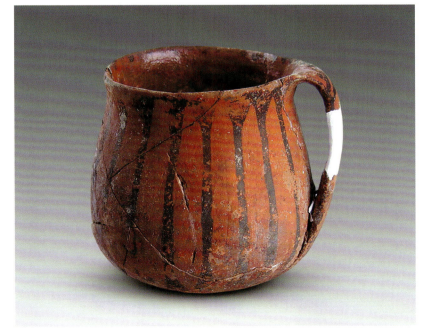

2. 平纹织物（01M：27）

5. 陶单耳罐（03M：4）

器物（流散）

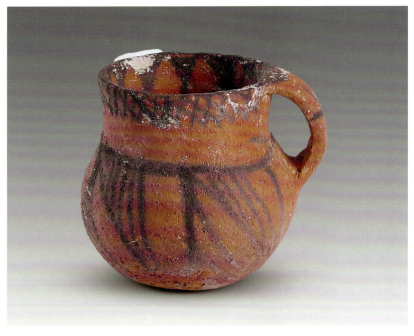

1. 单耳罐（04M：16）

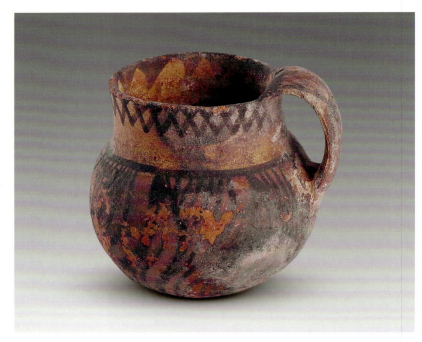

2. 单耳罐（04M：45）

3. 壶（04M：26）

4. 碗（04M：25）

5. 碗（04M：29）

6. 圈足盘（04M：44）

陶器（采集）

1. 圈足盘（04M：51）

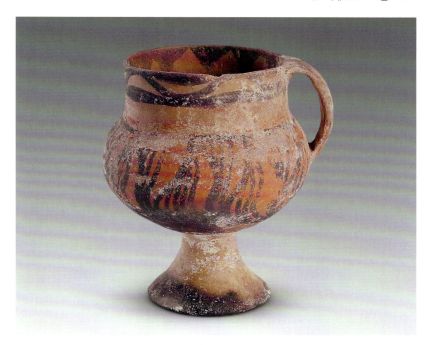

2. 圈足罐（04M：15）

3. 双系罐（03M：7）

4. 双耳罐（04M：21）

5. 四足盘（03M：10）

6. 带流杯（04M：55）

陶器（采集）

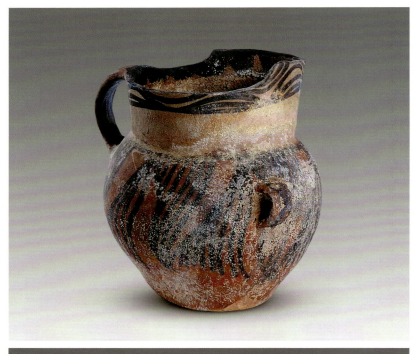

3. 木桶（03M：18）

1. 陶带流罐（04M：43）

4. 木桶（04M：19）

2. 木四足盘（04M：52）

5. 木匜（04M：50）

陶、木器（采集）

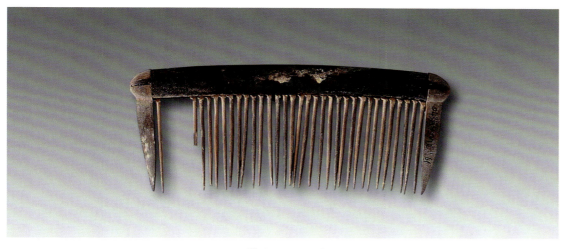

1. 梳（04M：61）

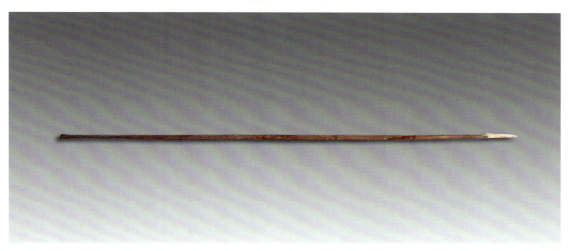

2. 箭（04M：38）

3. 撑板（04M：18）

5. 搅拌棒（04M：39）

4. 直角抹（04M：1）

木器（采集）

1. 皮带（04M：36）

2. 皮袋（04M：7）

3. 皮袋（04M：12）

4. 皮袋（04M：37）

5. 皮袋（04M：54）

6. 皮弓箭袋（03M：23）

皮具（采集）

1. 铜刀（04M：14）

2. 骨扣（04M：5）

3. 骨扣（03M：12）

4. 骨扣（04M：30）

5. 骨镳（03M：16）

6. 牛角钵（04M：60）

7. 角镳（03M：15）

8. 石化妆棒（03M：14）

器物（采集）

1. 发掘现场

2. 06 I M1

3. 06 I M4

4. 06 I M3

2006 年发掘场景

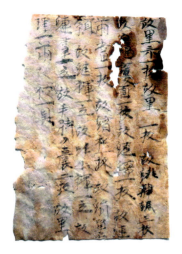

0 ___ 4 厘米

1. 衣物疏（06ⅠM4∶4）

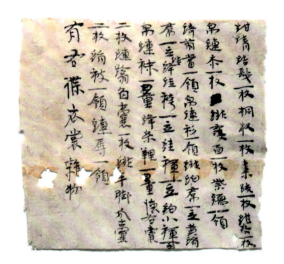

0 ___ 4 厘米

2. 衣物疏（06ⅠM4∶8）

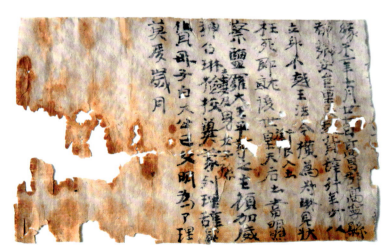

0 ___ 4 厘米

3. "缘禾二年"文书（06ⅠM4∶1）

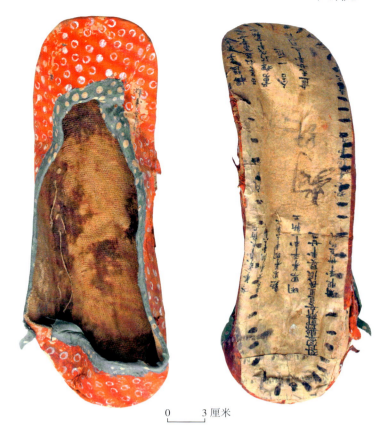

0 ___ 3 厘米

4. 绢面纸鞋（06ⅠM4∶5）

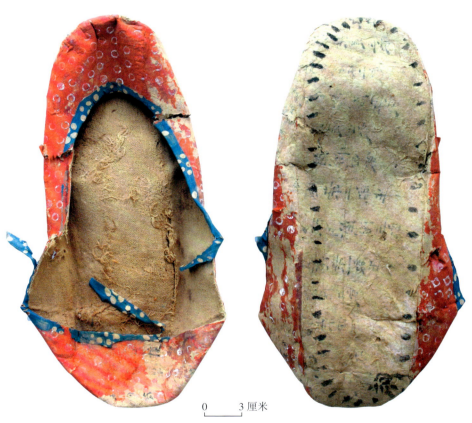

0 ___ 3 厘米

5. 绢面纸鞋（06ⅠM4∶2）

6. 纸帽（06ⅠM4∶3）

2006 年出土器物

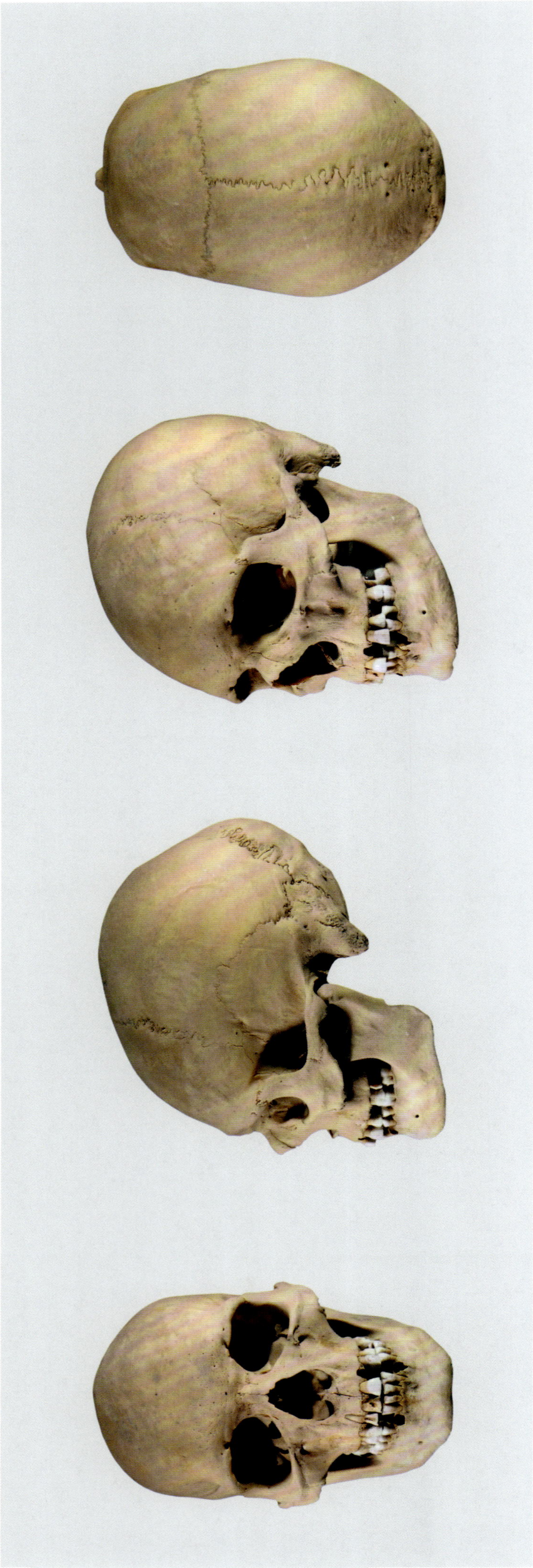

1. Ⅰ M85

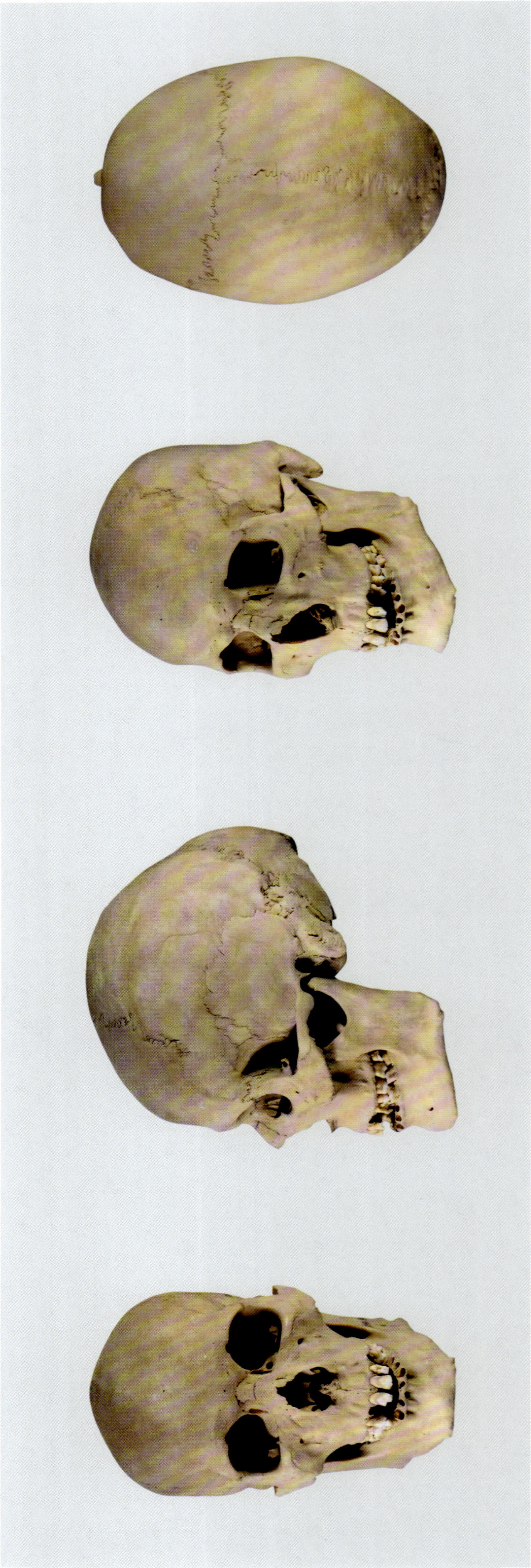

2. Ⅲ M73∶B

男性头骨

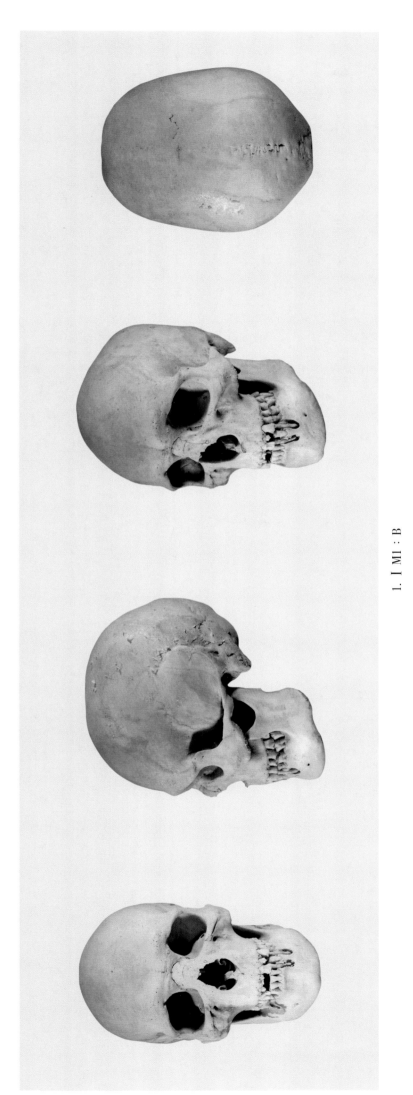

1. ⅠM1：B

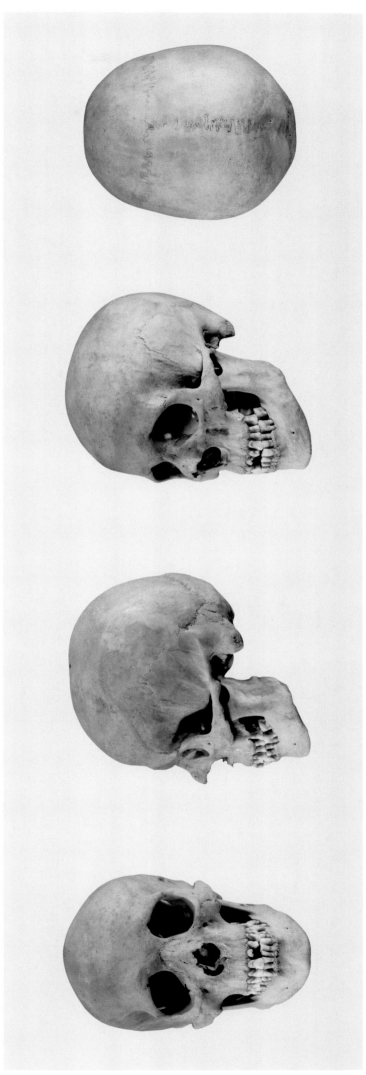

2. ⅠM1：A

男性头骨

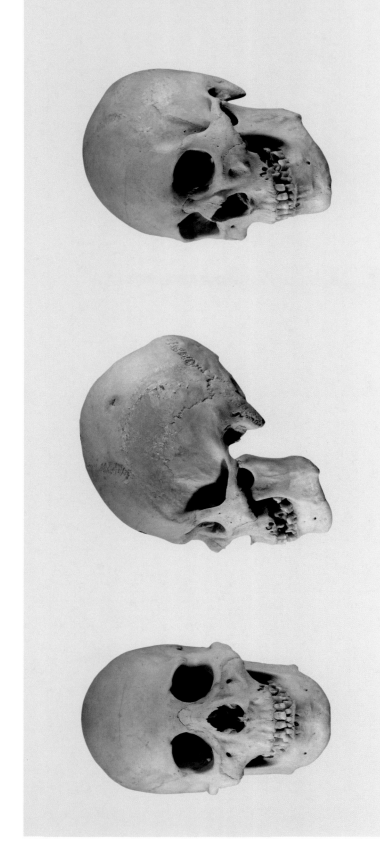

1. Ⅱ M69

2. Ⅰ M12：C

男性头骨

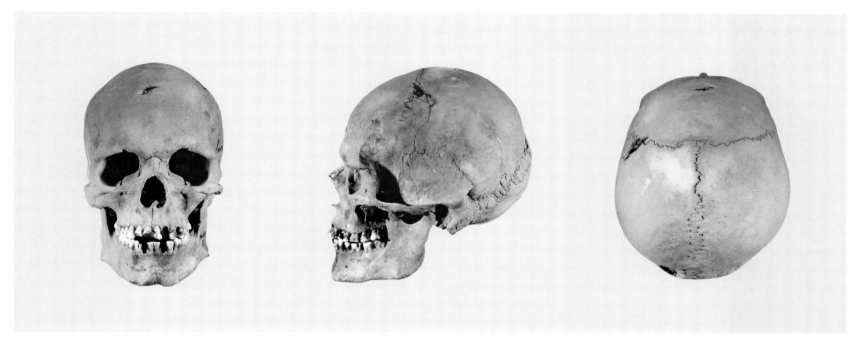

1. Ⅱ M44

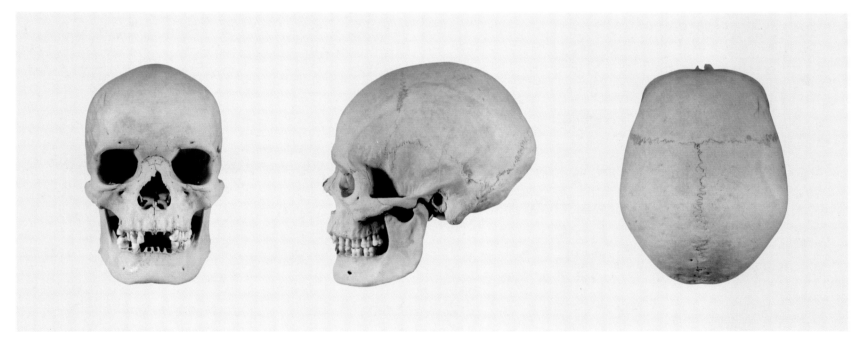

2. Ⅱ M104

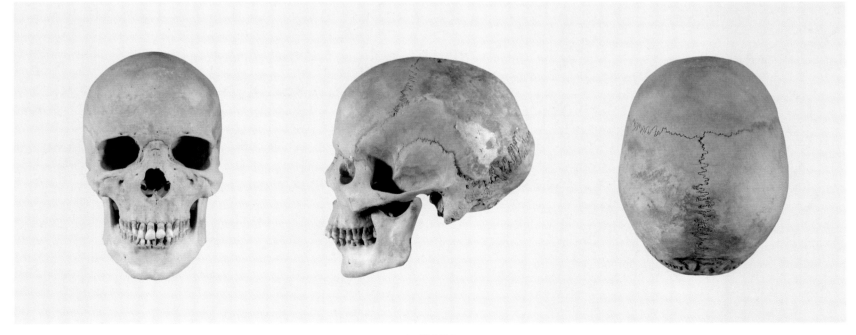

3. Ⅲ M17

男性头骨

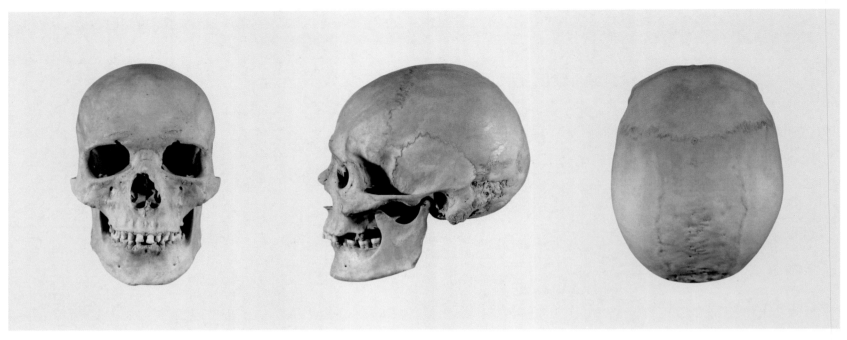

1. Ⅲ M5：A

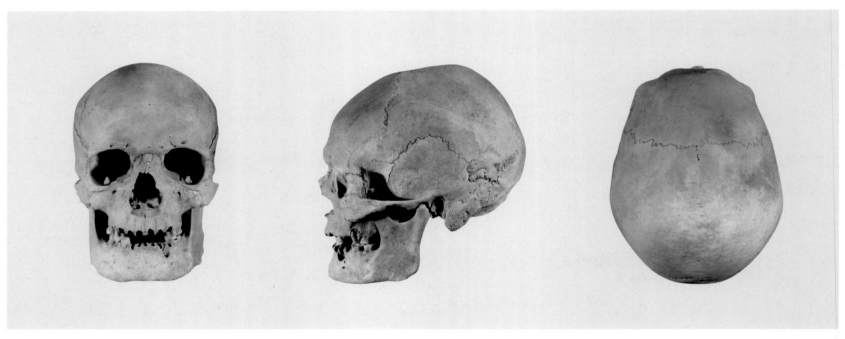

2. Ⅱ M203：A

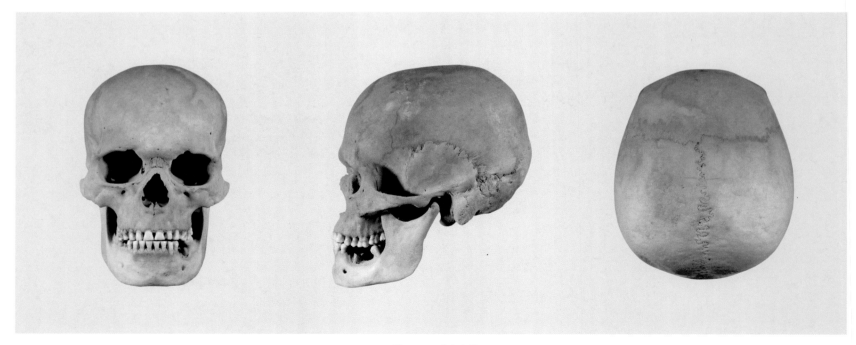

3. Ⅱ M205（中年）

男性头骨

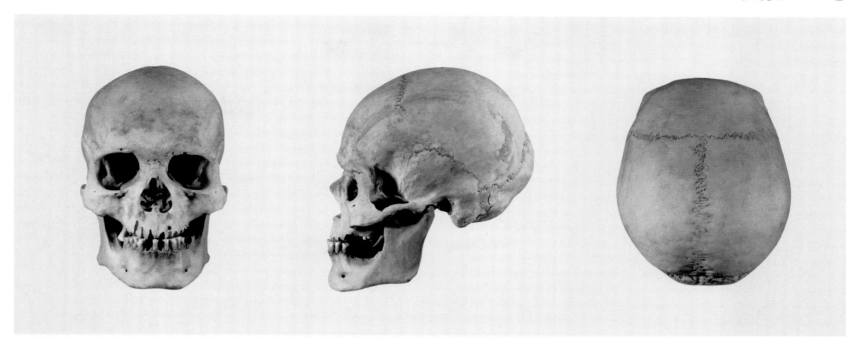

1. Ⅰ M64

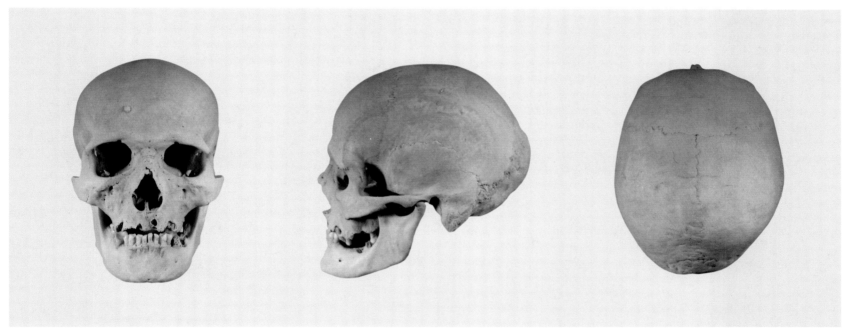

2. Ⅲ M74

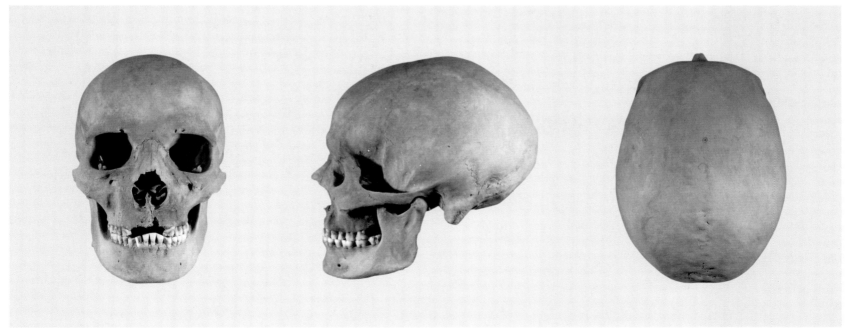

3. Ⅱ M138

男性头骨

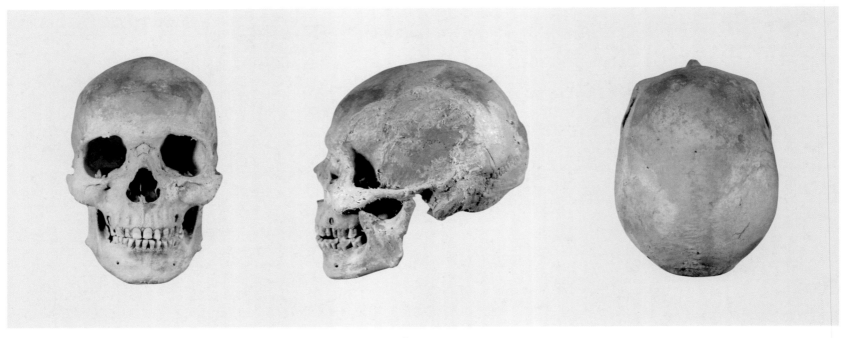

1. Ⅰ M95：A

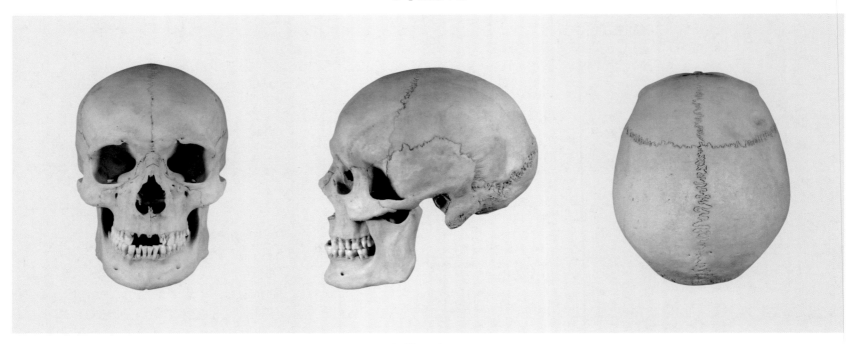

2. Ⅲ M10：A

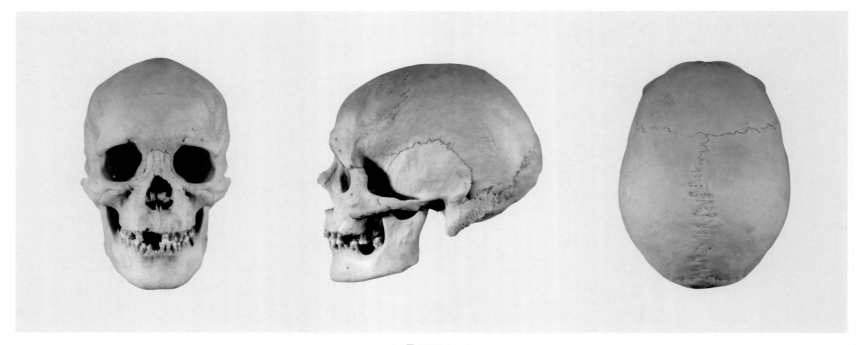

3. Ⅱ M106：A

男性头骨

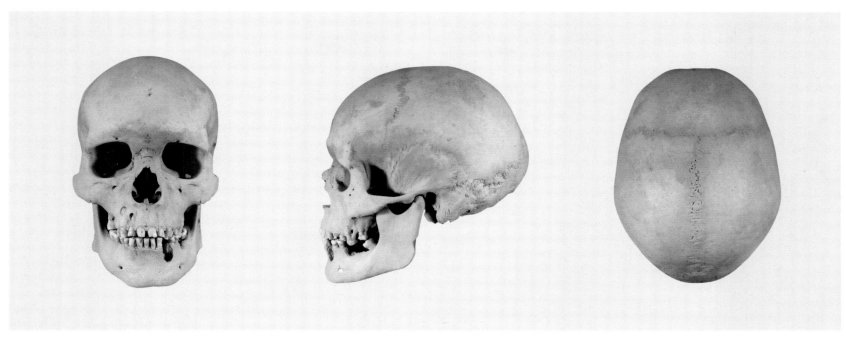

1. Ⅱ M55：A

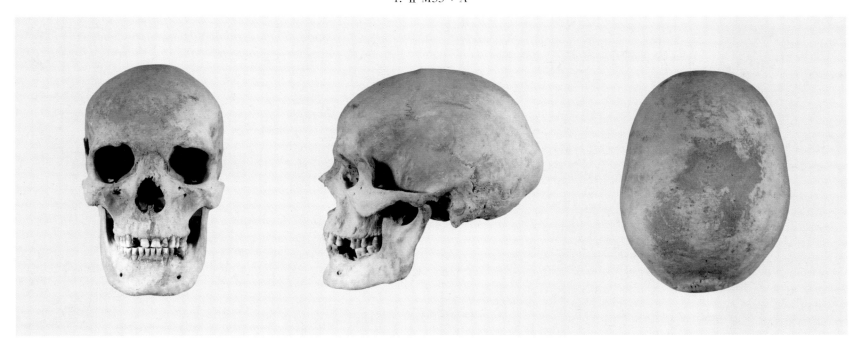

2. Ⅰ M194

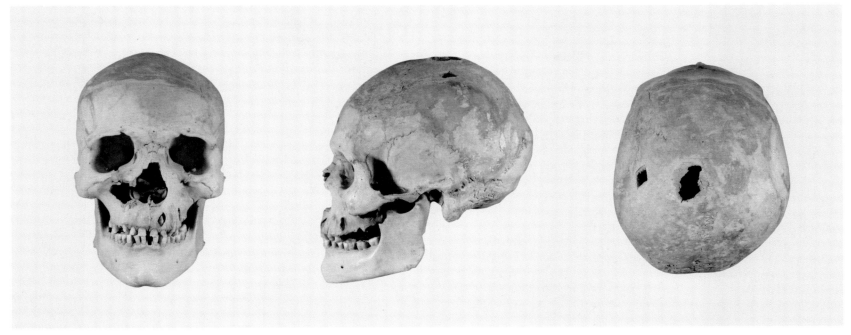

3. Ⅲ M32

男性头骨

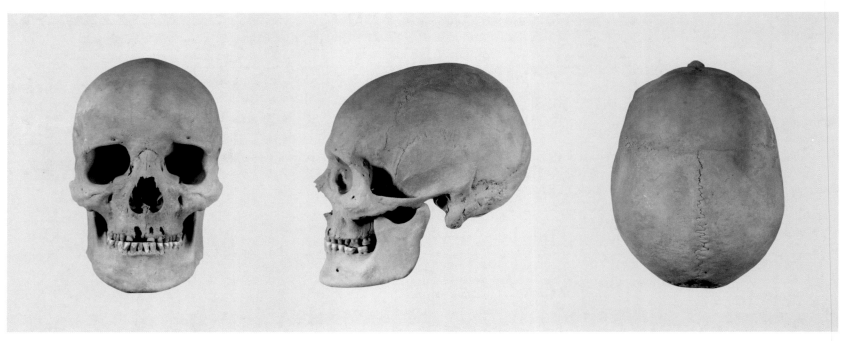

1. Ⅰ M8

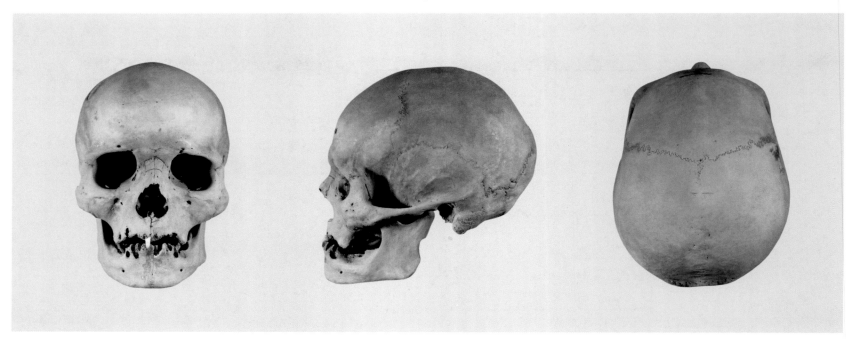

2. Ⅲ M71：A

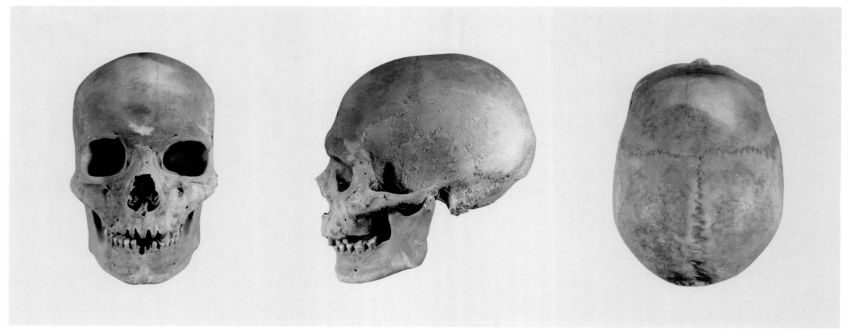

3. Ⅱ M210

男性头骨

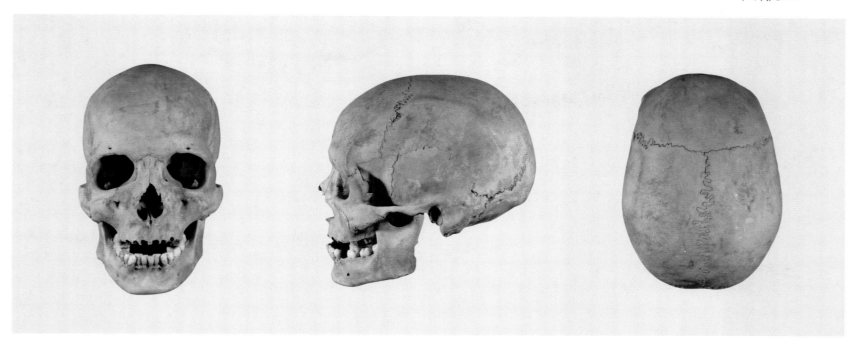

1. Ⅱ M147

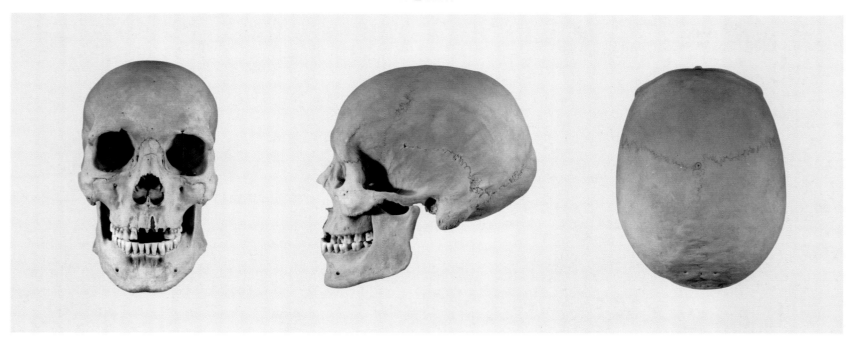

2. Ⅰ M110

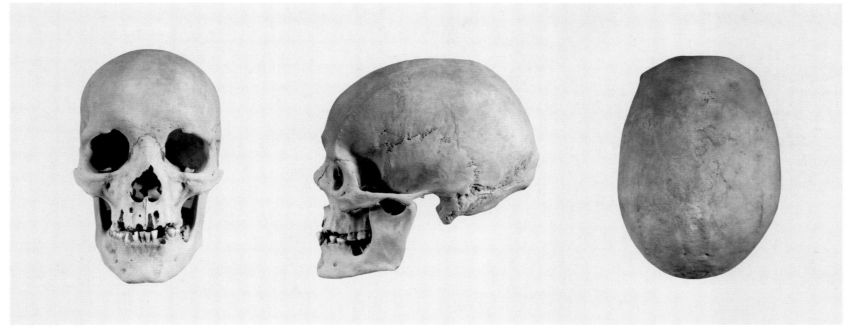

3. Ⅰ M77

男性头骨

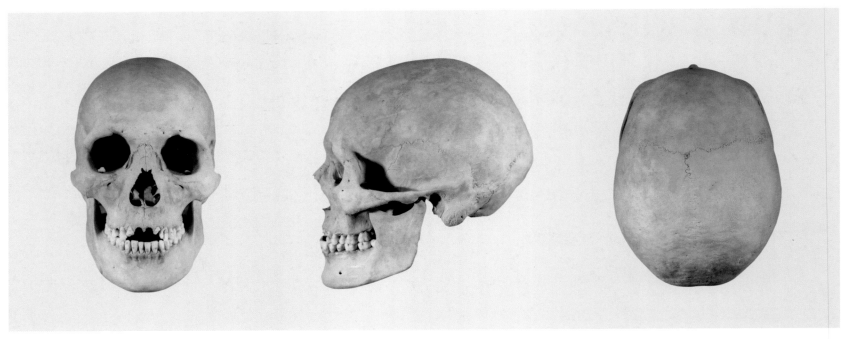

1. Ⅰ M5：B

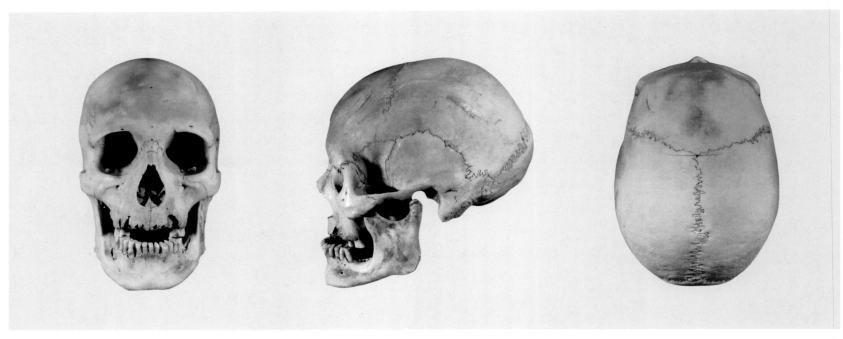

2. 佚号

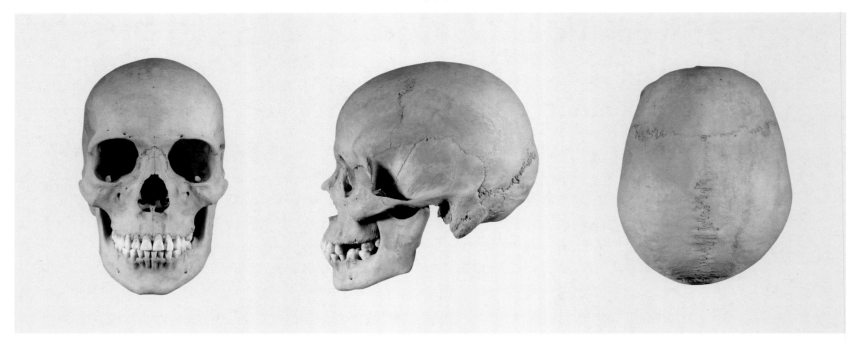

3. Ⅲ M73：A

男性头骨

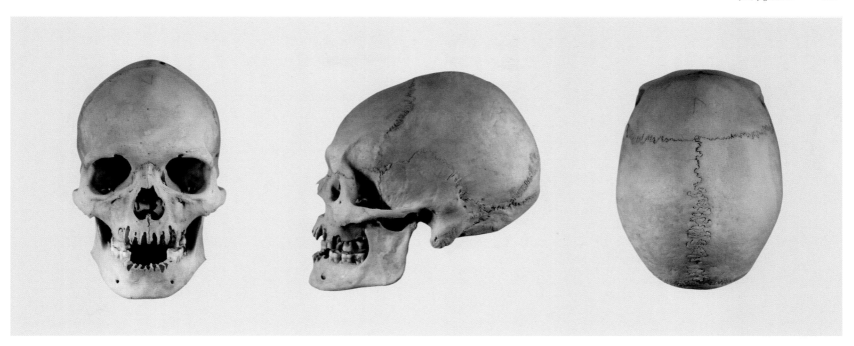

1. Ⅱ M182：C

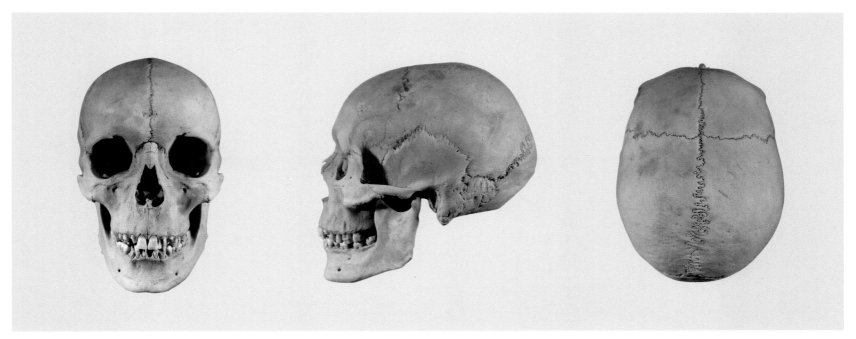

2. Ⅰ M21

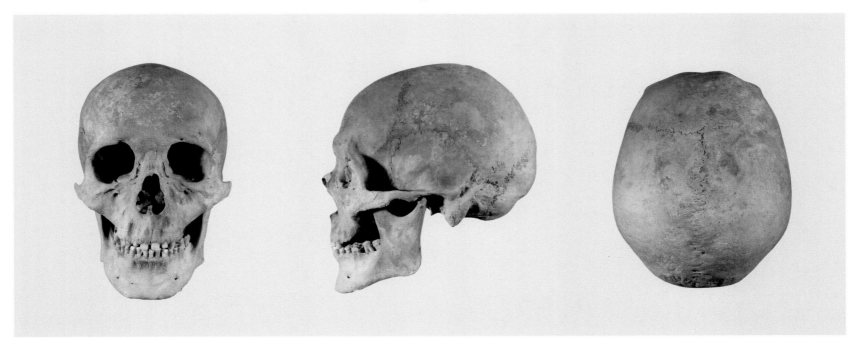

3. Ⅲ M77：A

男性头骨

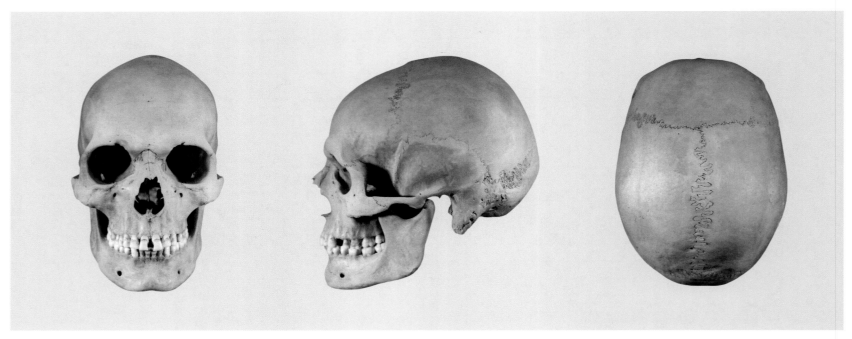

1. Ⅰ M5：A

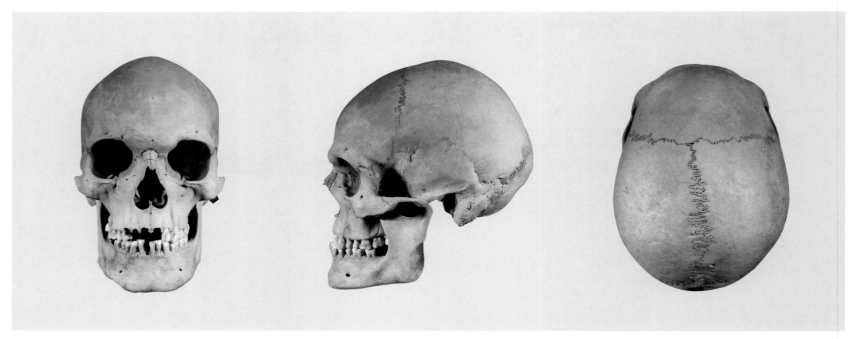

2. Ⅰ M175

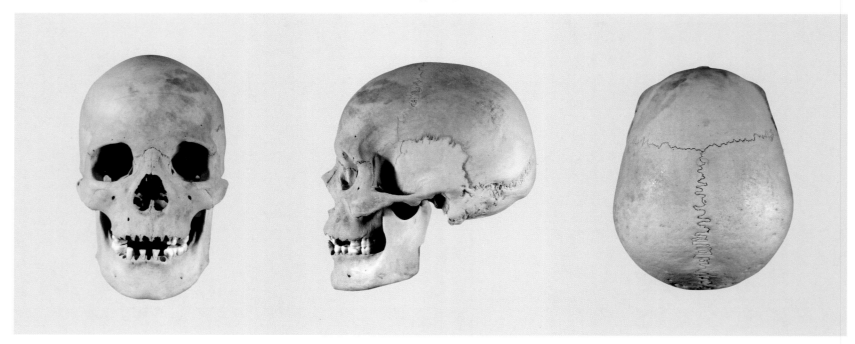

3. Ⅱ M168

男性头骨

男性头骨

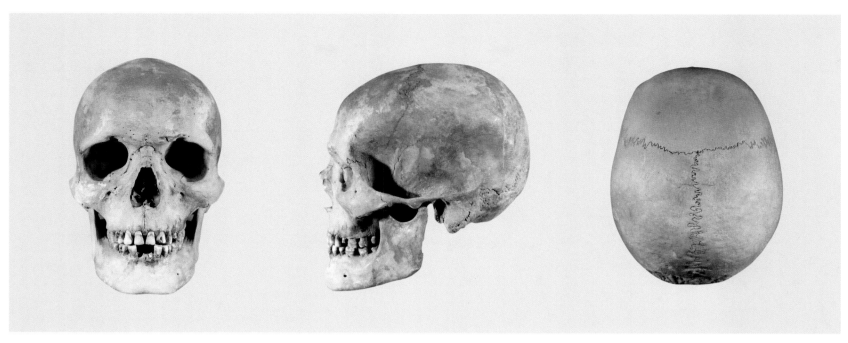

1. Ⅲ M17

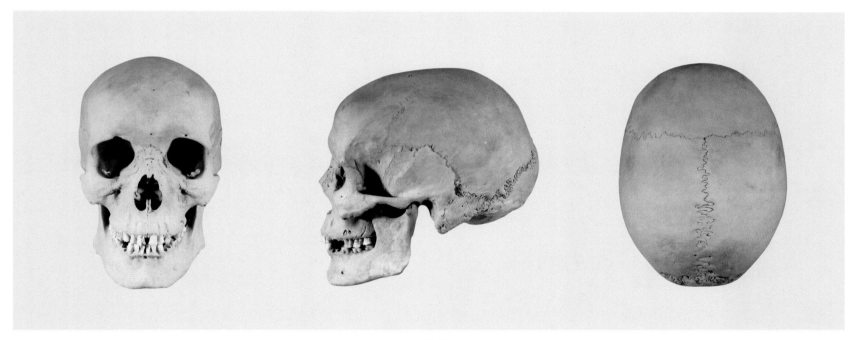

2. 佚号

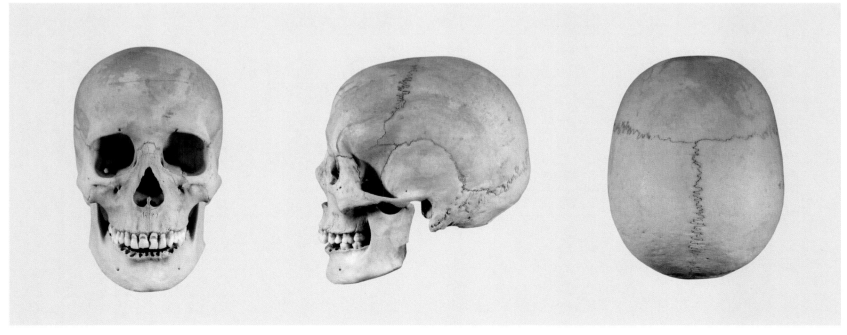

3. Ⅲ M34

男性头骨

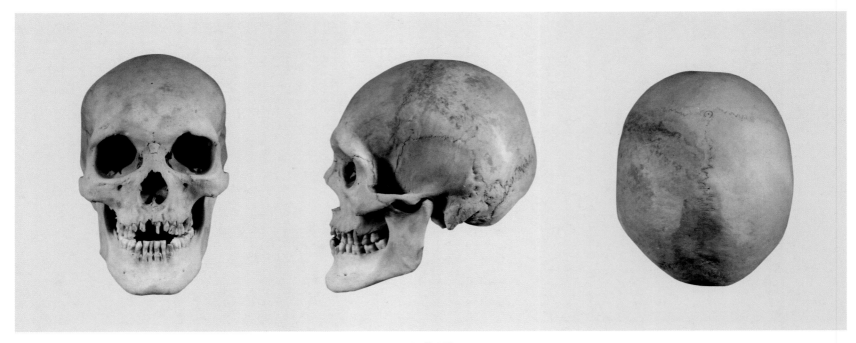

1. Ⅰ M3

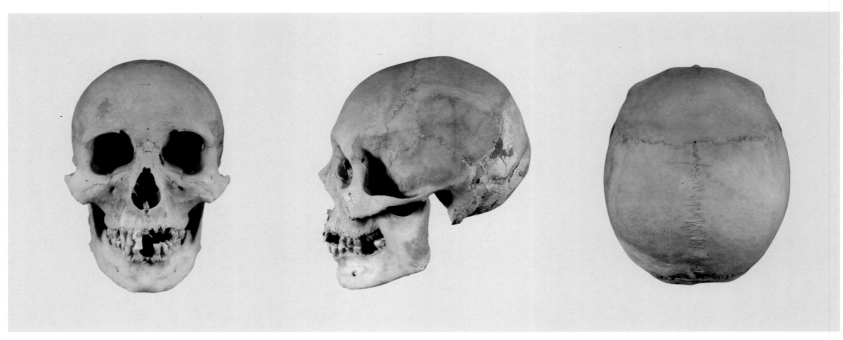

2. Ⅲ M30：A

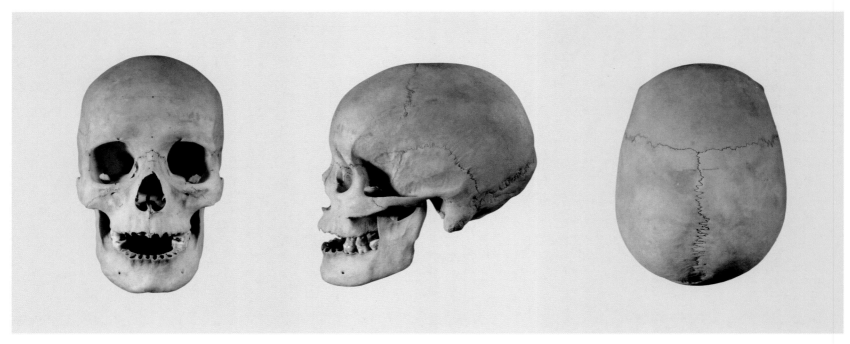

3. Ⅱ M173

男性头骨

男性头骨

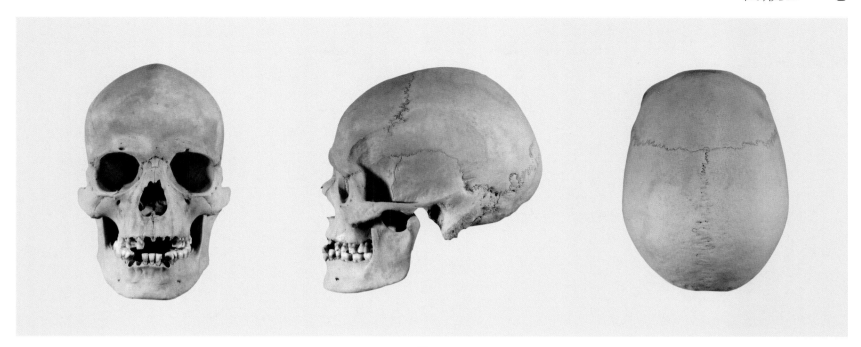

1. Ⅱ M185

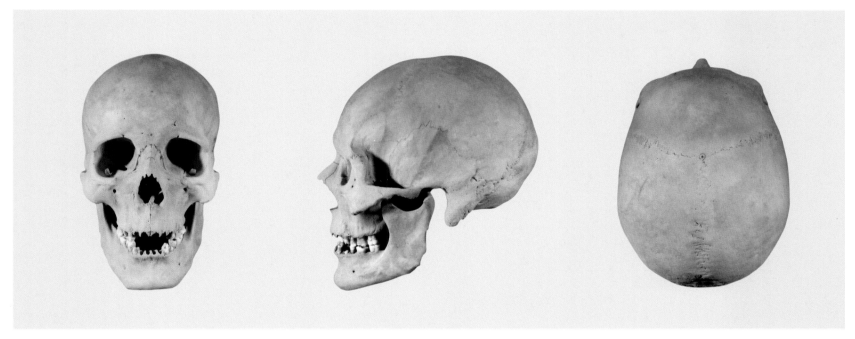

2. Ⅱ M157

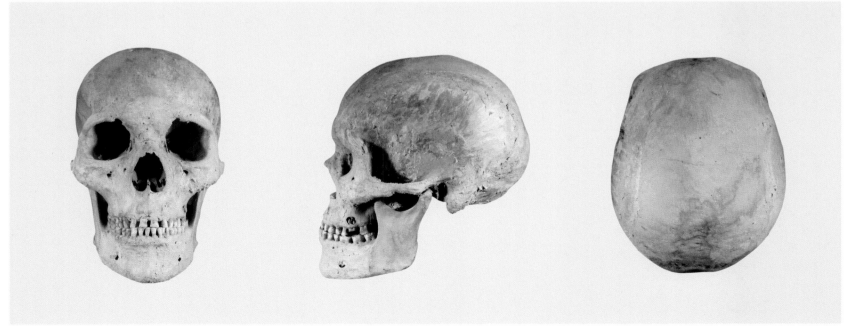

3. Ⅲ M18：A

男性头骨

男性头骨

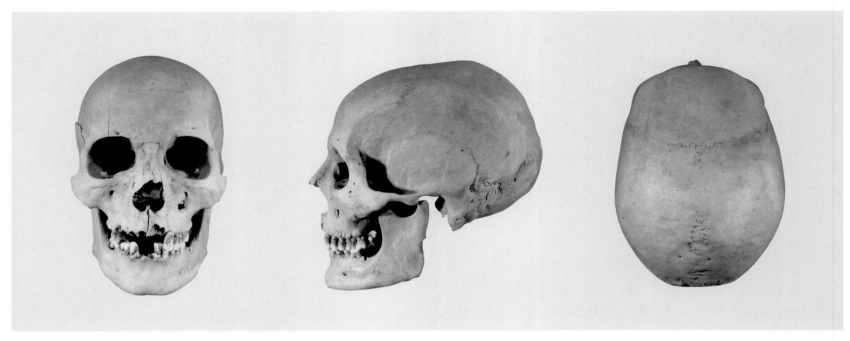

1. Ⅱ M152

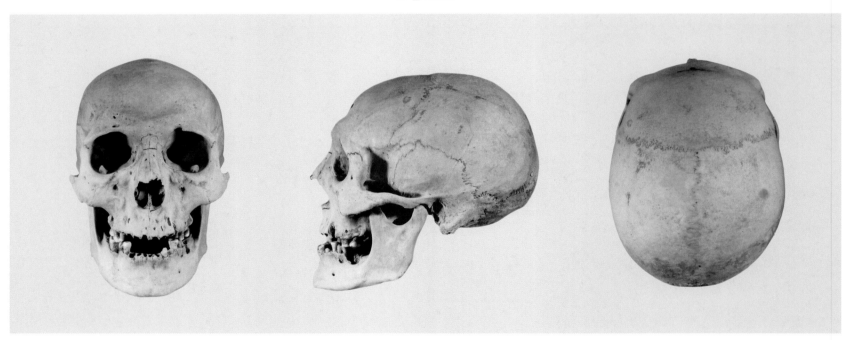

2. Ⅲ M27：A

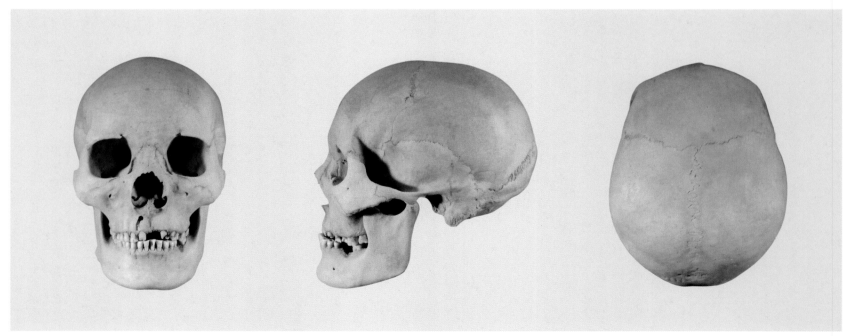

3. Ⅱ M153

男性头骨

男性头骨

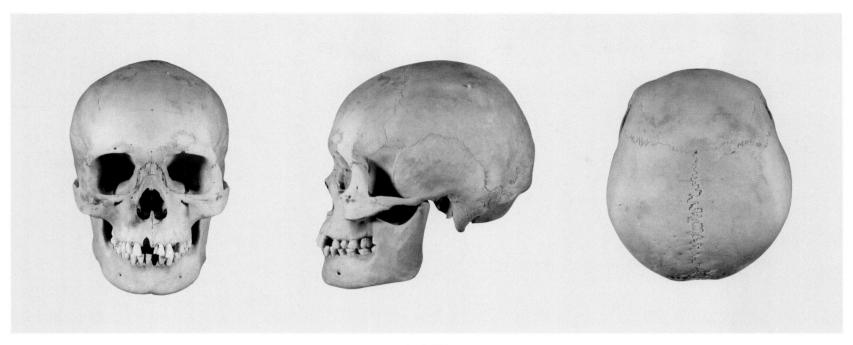

1. Ⅰ M4

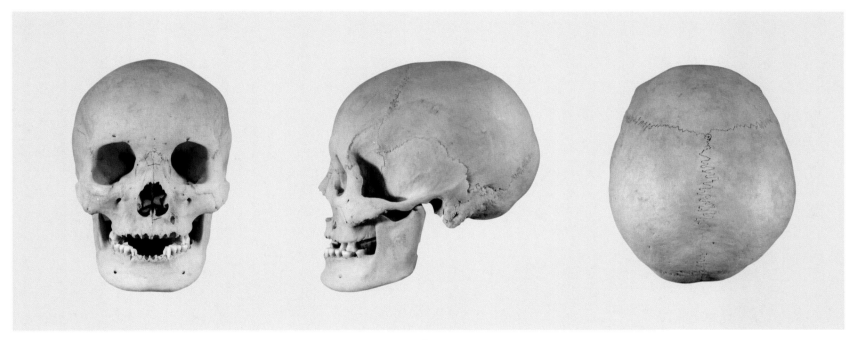

2. Ⅲ M26

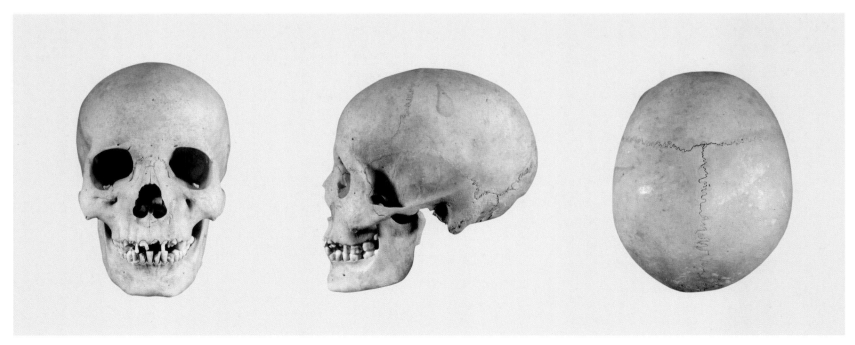

3. Ⅲ M39：B

男性头骨

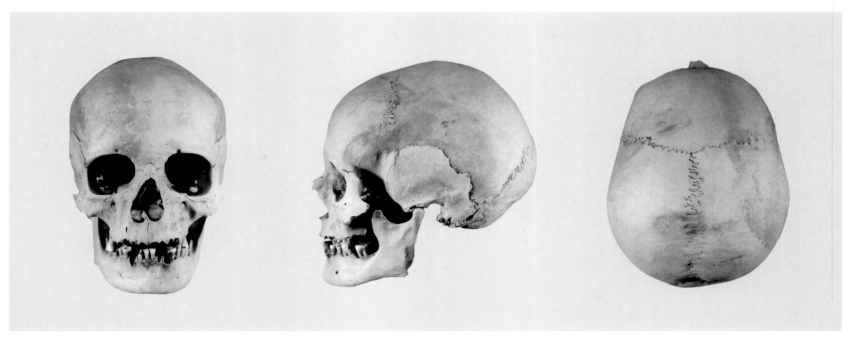

1. Ⅱ M154：D

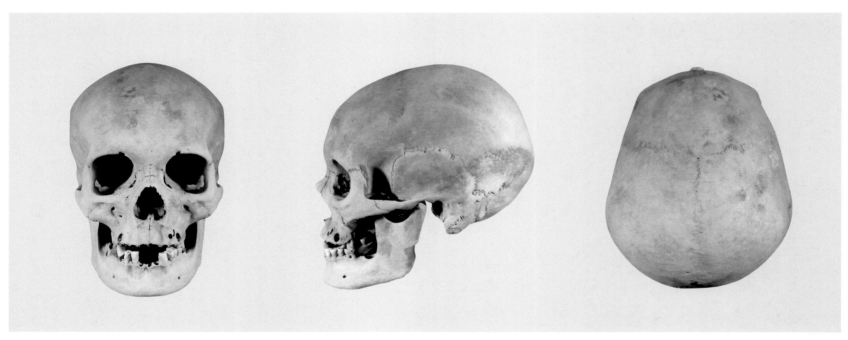

2. Ⅱ M73

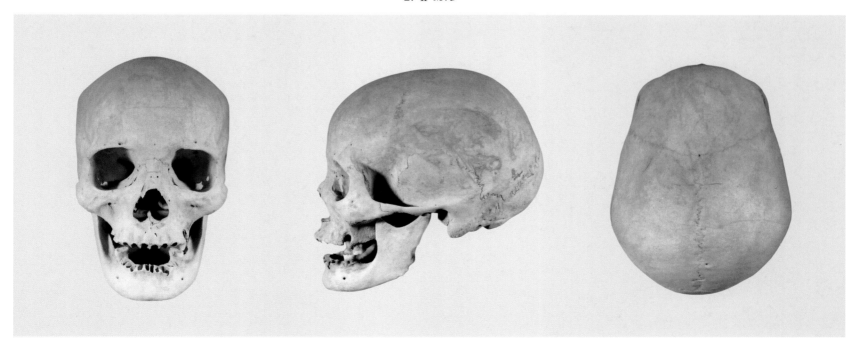

3. Ⅰ M92：A

女性头骨

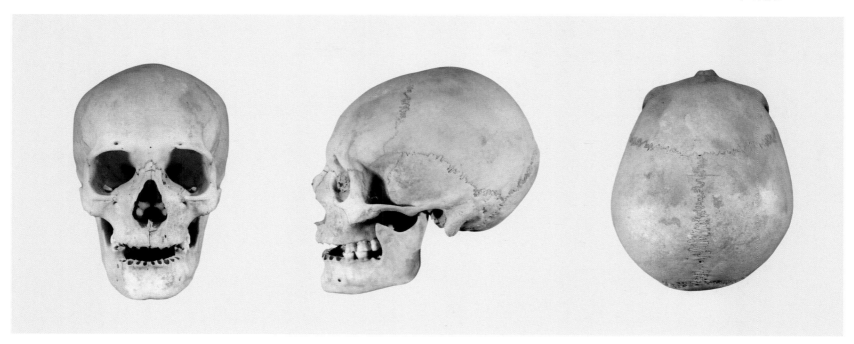

1. Ⅱ M54：A

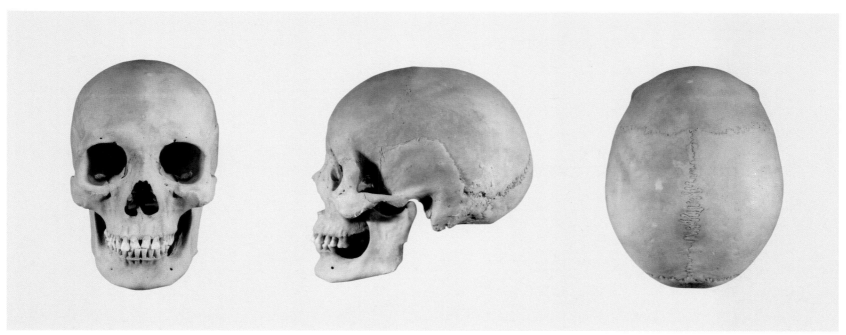

2. Ⅰ M140

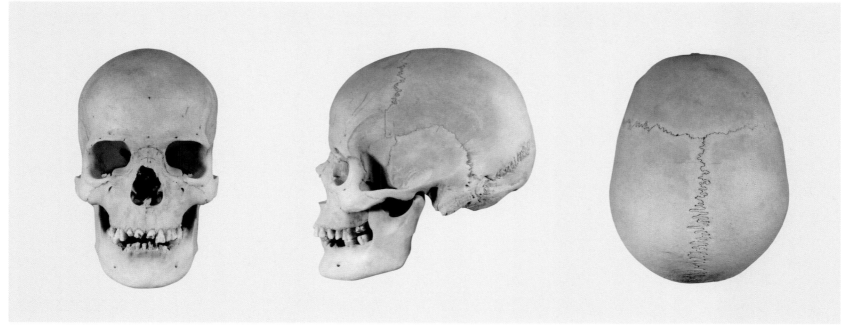

3. Ⅱ M109：B

女性头骨

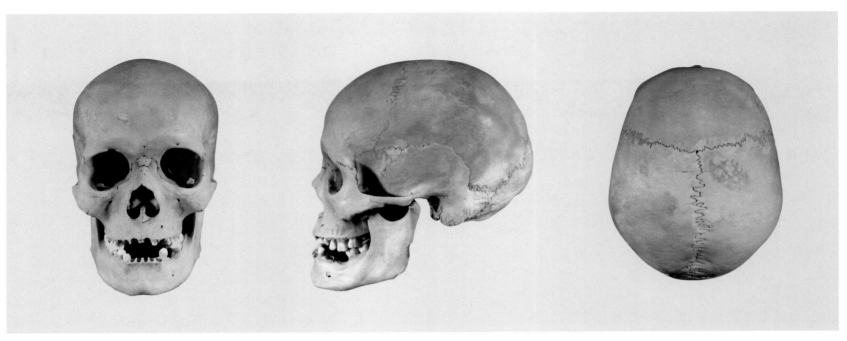

1. Ⅰ M188

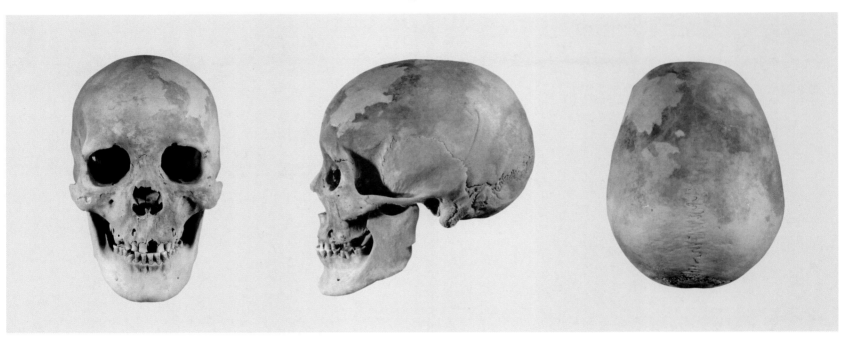

2. Ⅱ M211：C

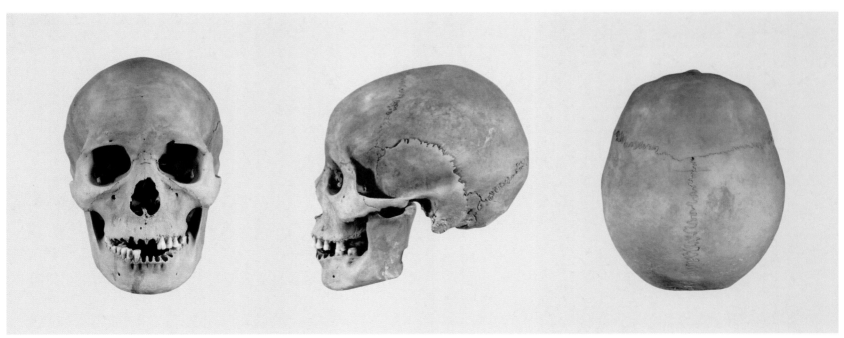

3. Ⅱ M80

女性头骨

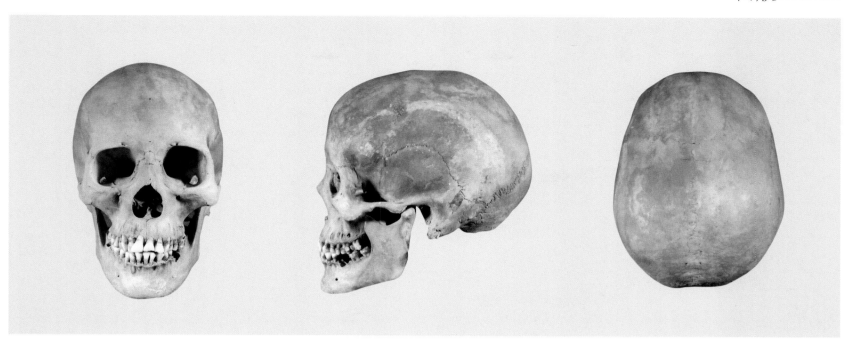

1. Ⅰ M211

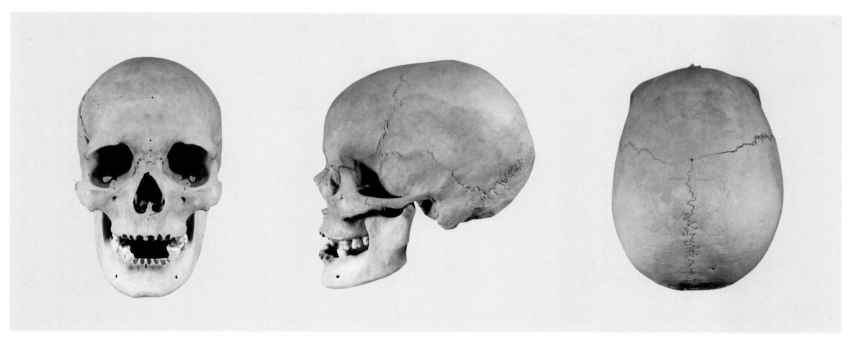

2. Ⅱ M13

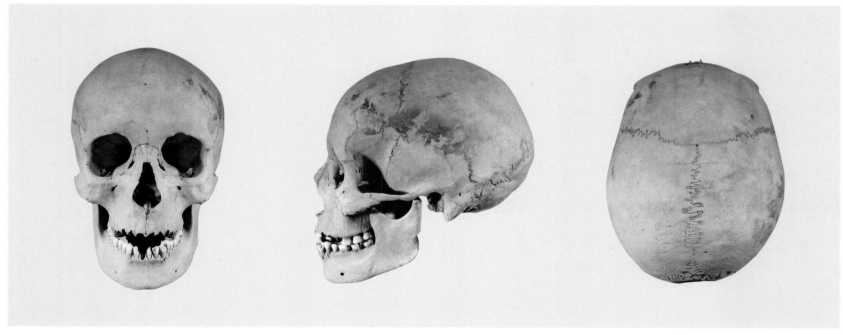

3. Ⅰ M203

女性头骨

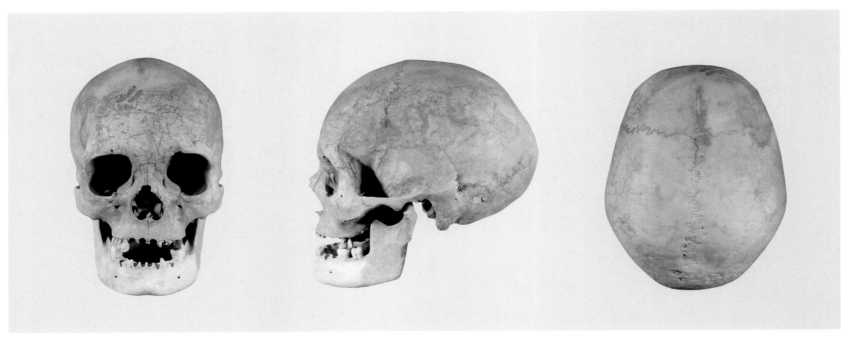

1. Ⅱ M57：A

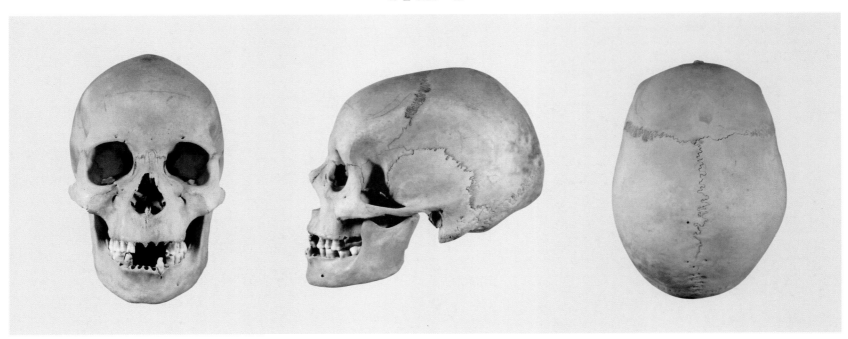

2. Ⅰ M106：A

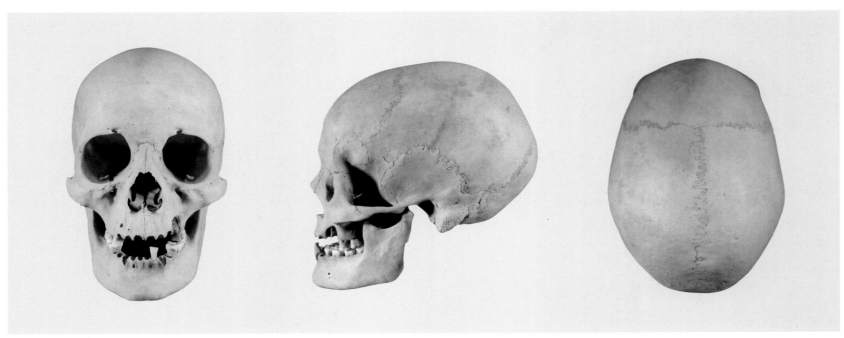

3. Ⅱ M135：B

女性头骨

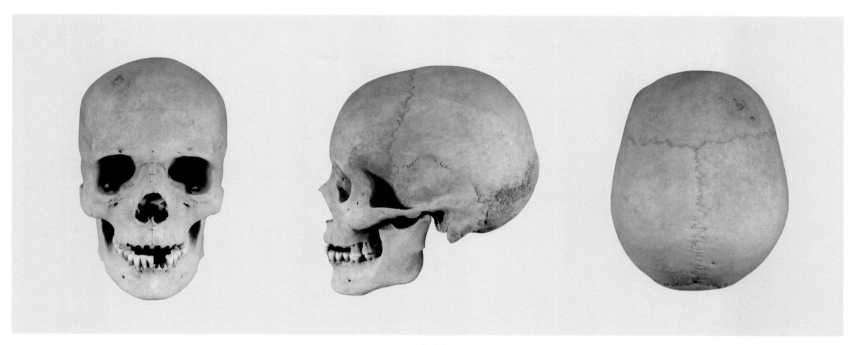

1. 佚号

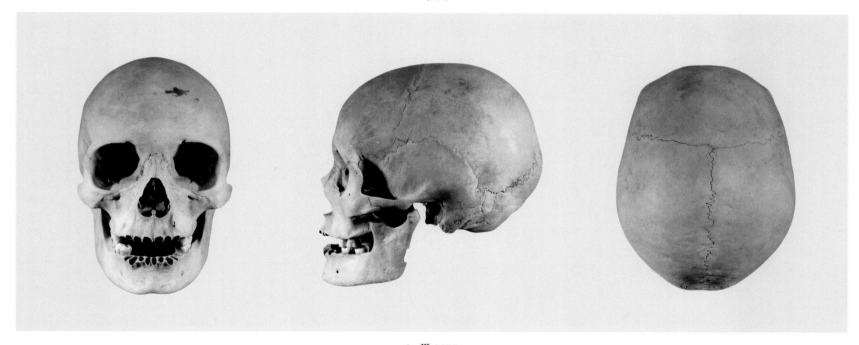

2. Ⅲ M77

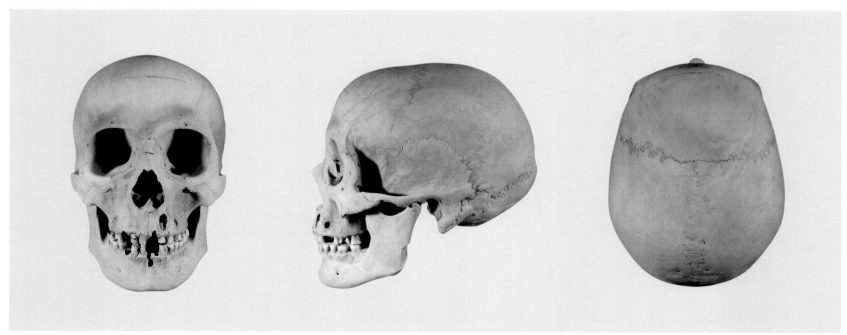

3. Ⅱ M150：A

女性头骨

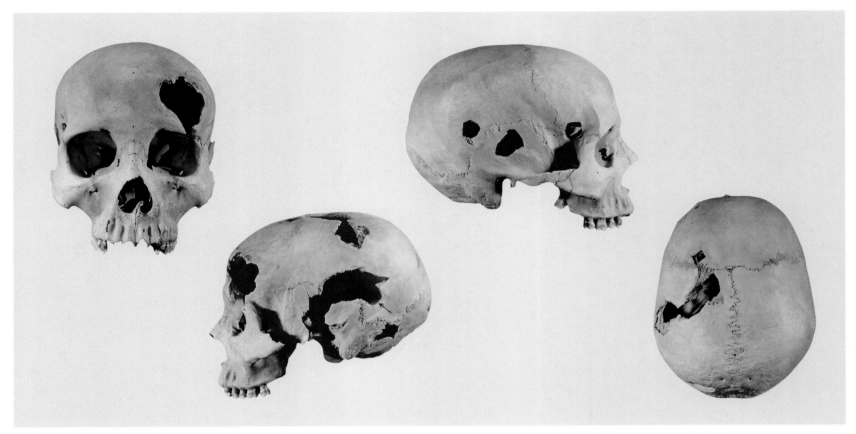

1. Ⅰ M70：A 头骨

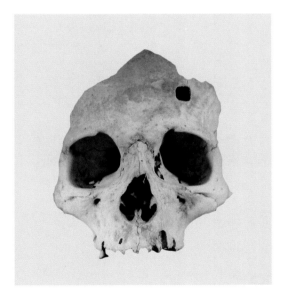

2. Ⅱ M90

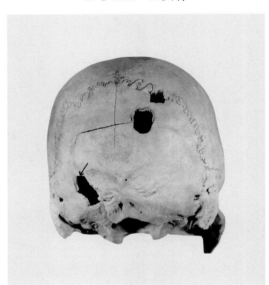

3. Ⅱ M93

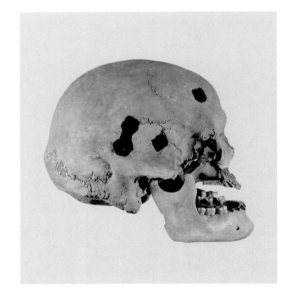

4. Ⅰ M106：B

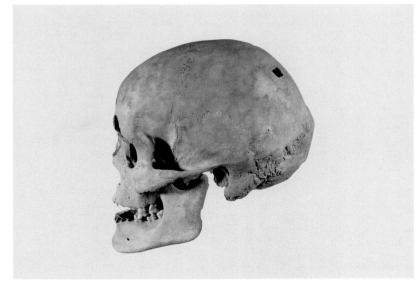

5. Ⅰ M106：B

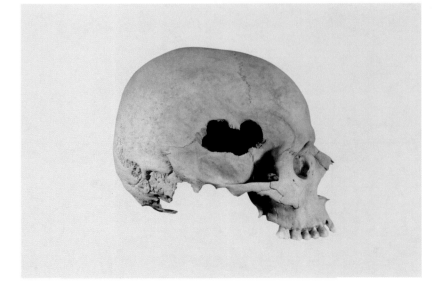

6. Ⅱ M91

穿孔头骨

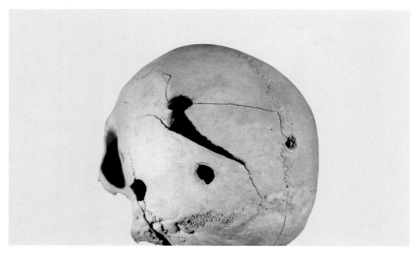

1. Ⅰ M189 穿孔头骨

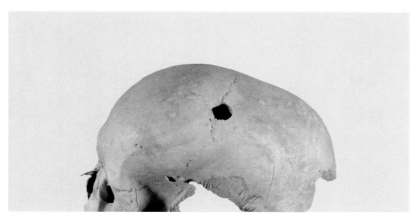

2. Ⅱ M142 穿孔头骨

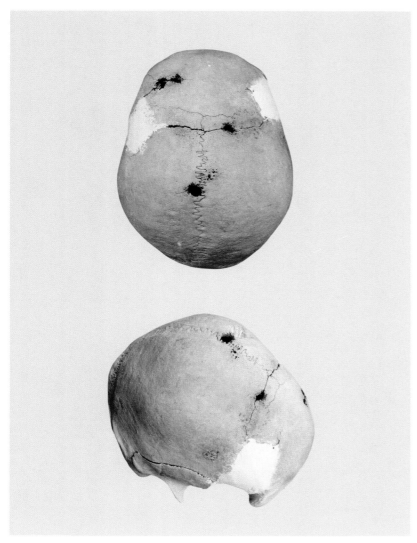

3. 2004GKM49：乙 宁夏固原唐代多发性骨髓癌头骨

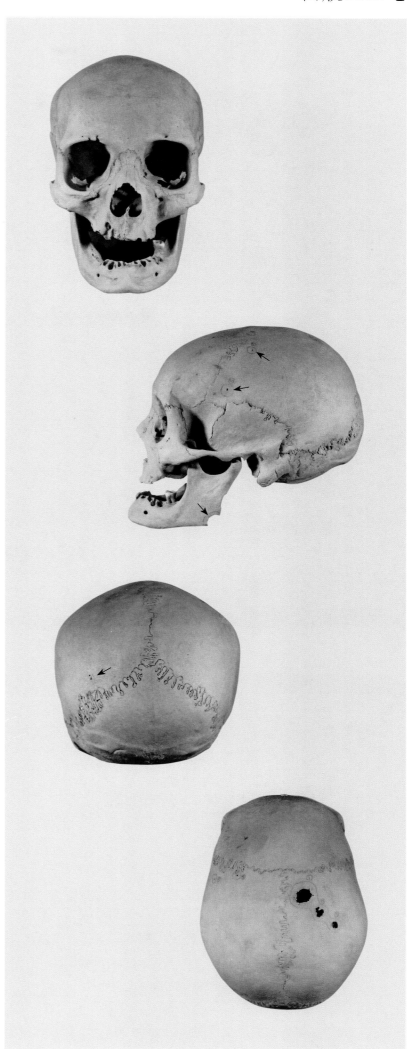

4. Ⅱ M140：B 多发性骨髓癌头骨

穿孔头骨和多发性骨髓癌头骨

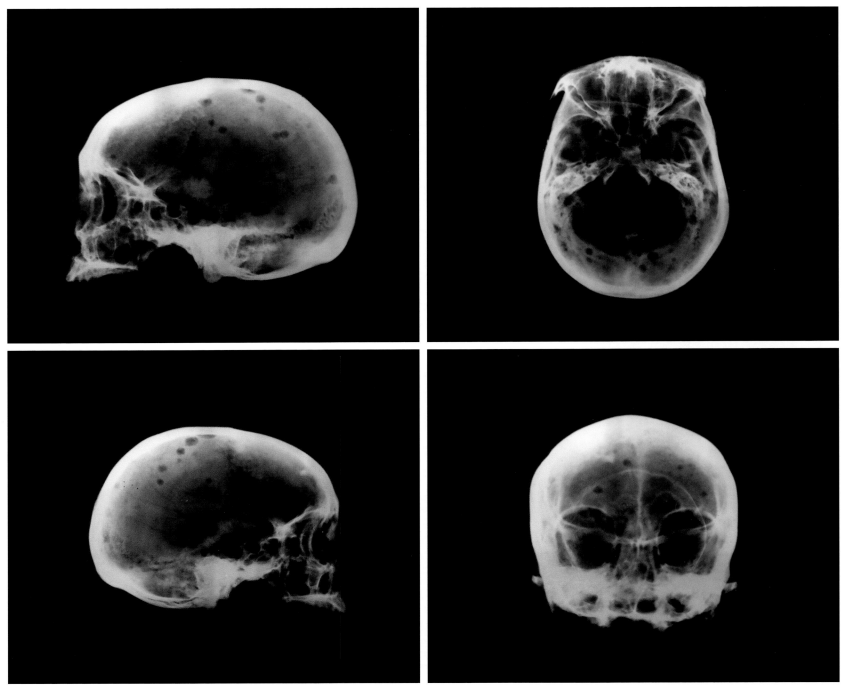

1. Ⅱ M140：B 多发性骨髓癌头骨 X 线透视

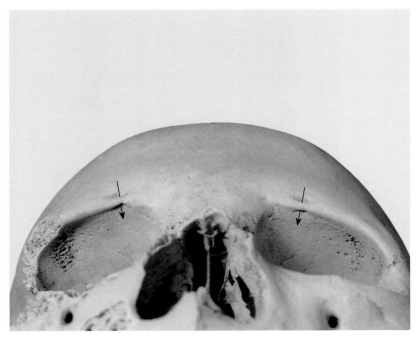

2. Ⅱ M88 眼窝筛（Cribra orbitalia）和眶上孔（Supraorbital foramen）
位置示意

3. Ⅱ M56 多孔状骨肥厚（Spongy hyperostosis）头骨

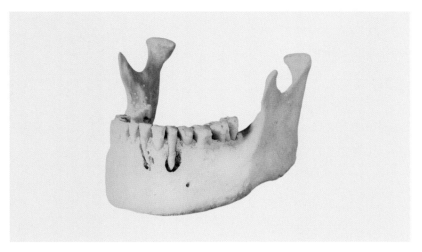

1. Ⅰ M1 齿槽脓肿（Alveolar abscess）

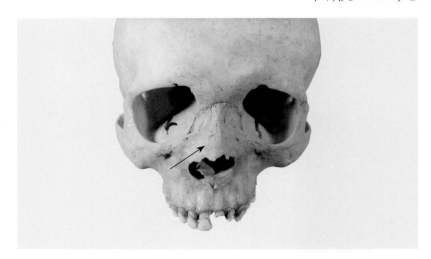

2. Ⅰ M1：A 鼻骨骨折头骨

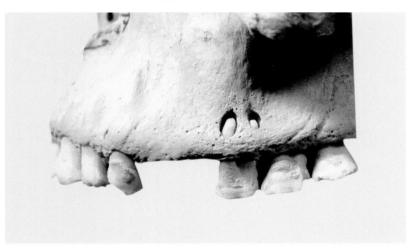

3. Ⅰ M1 齿槽脓肿（Alveolar abscess）

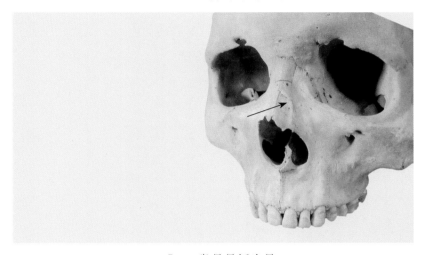

4. Ⅰ M1 鼻骨骨折头骨

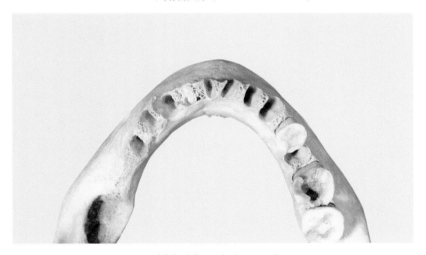

5. 龋齿（右 M₁）（Caries）

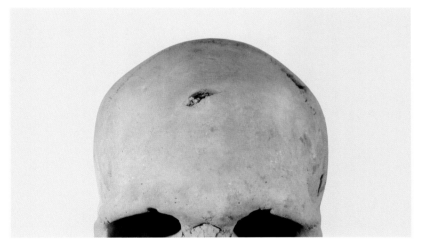

6. Ⅱ M44：A 砍削伤头骨

7. Ⅰ M70：A 砍削伤头骨

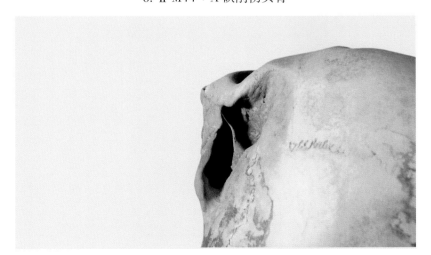

8. Ⅰ M207：A 右颧弓骨折后愈合头骨

头骨病理和创伤

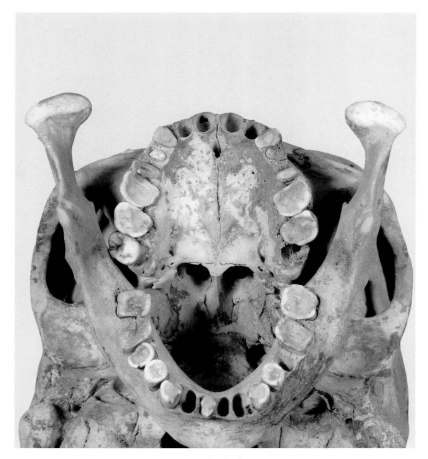

1. 颊齿倾斜磨蚀

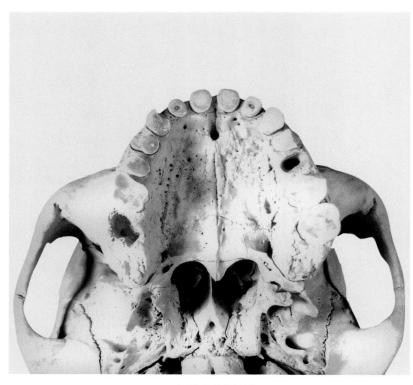

2. 颊齿倾斜磨蚀

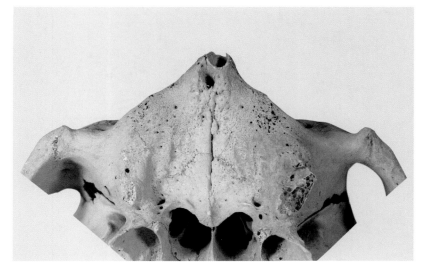

3. 老年牙周病（Periodontopathy）

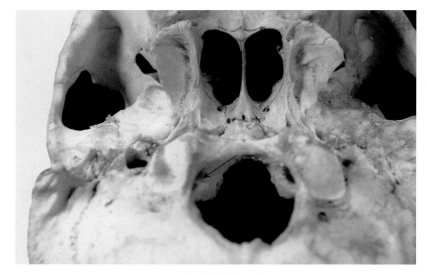

4. 舌下神经管二分

5. 舌下神经管二分

头骨和小变异

1. 大麻（包括茎秆、果实和破碎的叶子）

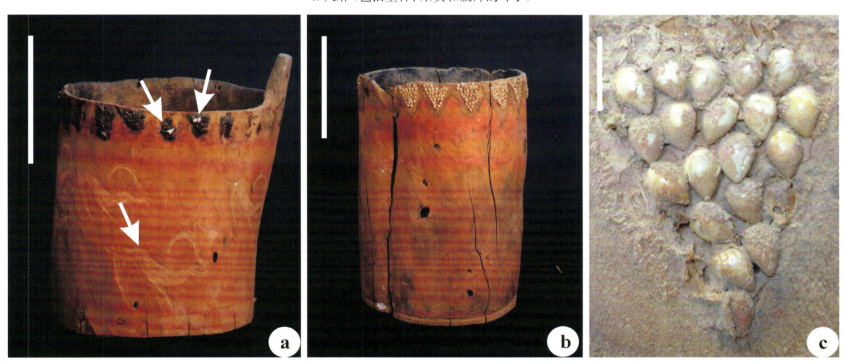

2. 洋海墓地出土小花紫草

(a) 编号为Ⅰ M23：4 的木桶, 标尺 =10 cm　　(b) 编号为Ⅰ M81：1 的木桶, 标尺 =10 cm　　(c) 图 b 的局部放大, 标尺 =5 mm

植物遗存

(a) 刺山柑种子集结成团块状贮存于陶罐内．标尺 = 5.0 cm　(b) 刺山柑种子团块呈纺锤形。标尺 = 1 cm　(c) 刺山柑单个种子。标尺 = 1 cm

(d) 剥去种皮后的刺山柑种子。标尺 = 2.0 mm　(e) 刺山柑胚的一侧。标尺 = 1.0 mm　(f) 刺山柑胚的另一侧。标尺 = 1.0 mm

(g) 刺山柑果肉浸出物呈棕色。标尺 = 4.0 cm　(h) 大麻贮存于陶罐下部。标尺 = 5.0 cm（箭头：部分刺山柑种子与大麻粘连在一起）

(i) 大麻果实遗存。标尺 = 1.0 mm

刺山柑与大麻遗存

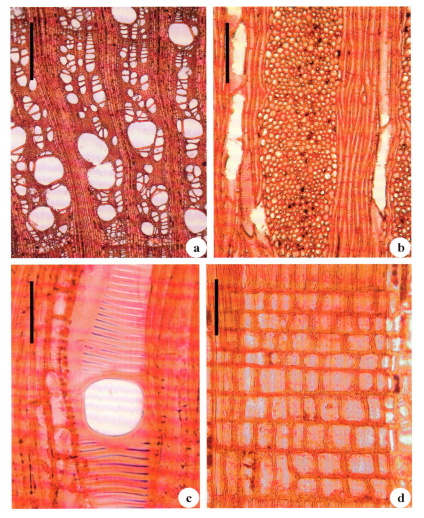

1. 葡萄藤的木材解剖结构

(a) 横切面, 示环孔材。标尺 = 500 μm

(b) 弦切面, 示射线多列, 木纤维具横隔。标尺 = 200 μm

(c) 径切面, 穿孔材为单穿孔, 圆形; 薄壁细胞旁管状。标尺 =40 μm

(d) 径切面, 示射线异型。标尺 = 75 μm

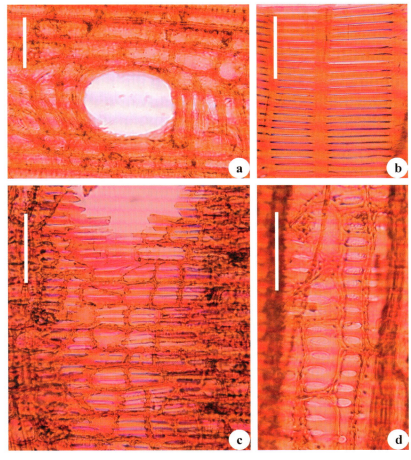

2. 葡萄藤的木材解剖结构

(a) 径切面, 示射线具穿孔。标尺 = 30 μm

(b) 弦切面, 示导管间纹孔梯状。标尺 = 70 μm

(c) 径切面, 示导管—射线间纹孔。标尺 = 75 μm

(d) 径切面, 导管—薄壁细胞间纹孔。标尺 = 50 μm

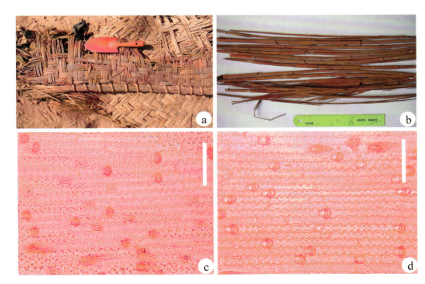

3. 芦苇及其表皮细胞特征

(a) 芦苇编织成的草席

(b) 散落的芦苇, 节部被白粉

(c) 和 (d) 芦苇秆的表皮, 标尺 =50 μm。其中 (c) 为现代芦苇, (d) 为遗存

植物遗存形态及解剖结构

(a) 黍花序遗存, 标尺 =2.0 cm　(b) 黍茎秆遗存, 秆外尚套有叶鞘, 标尺 =4.0 mm　(c) 结块的黍颖果, 标尺 =4.0 mm
(d) 黍带稃颖果的内稃侧, 标尺 =1.5 mm　(e) 黍带稃颖果的外稃侧, 标尺 =1.5 mm　(f) 黍颖果遗存的果脐侧, 标尺 =1.0 mm
(g) 黍颖果遗存的胚侧, 标尺 =1.0 mm　(h) 青稞小穗的远轴侧, 标尺 =5 mm　(i) 青稞小穗的近轴侧, 标尺 =5 mm
(j) 青稞颖果遗存的背面, 标尺 =3 mm　(k) 普通小麦的花序, 标尺 =0.5 cm　(l) 普通小麦花序轴的一侧, 标尺 =2 mm
(m) 普通小麦的颖, 脊从基部突显, 标尺 =0.5 cm　(n) 普通小麦的颖果, 标尺 =2.5 mm.

粮食作物遗存

1. 虎尾草、小獐毛的形态特征

(a) 虎尾草的小穗及颖果，标尺 =2 mm　(b) 小獐毛的果实遗存，标尺 =1mm

(c) 小獐毛的花序，标尺 =2 mm　(d) 小獐毛的小穗，标尺 =1.0 mm

2. 稗的形态特征

(a) 稗的花序，标尺 =2 mm　(b) 稗子的小穗，标尺 =3 mm　(c) 稗不育小花的内稃，标尺 =2 mm

(d) 稗可育小花的内稃，标尺 =2 mm　(e) 稗可育小花的外稃，标尺 =2 mm　(f) 稗子的叶子，标尺 =2 mm

植物遗存

1. 苦豆子、黑果枸杞的形态特征
 (a) 苦豆子植株遗存, 标尺 =5 cm
 (b) 苦豆子的荚果, 标尺 =1 cm
 (c) 苦豆子的种子, 标尺 =5 mm
 (d) 苦豆子花丝基部局部联合, 标尺 =1 mm
 (e) 墓室顶部散落的黑果枸杞枝条
 (f) 墓室出土的黑果枸杞单株, 标尺 =2 cm
 (g) 黑果枸杞枝条局部放大, 枝刺两侧成瘤状, 标尺 =1 cm

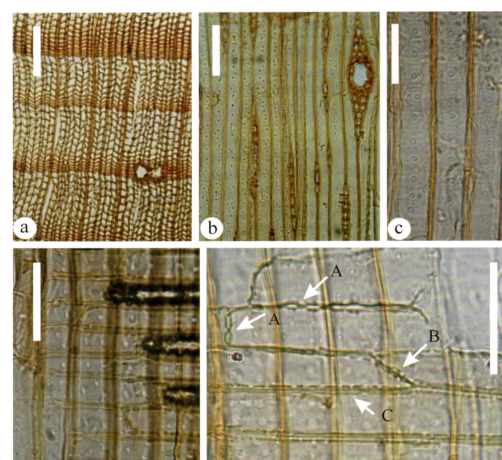

2. 云杉的木材解剖结构
(a) 横切面, 示生长轮明显, 早材至晚材渐变, 轴向树脂道, 标尺 =100 μm
(b) 弦切面示横向树脂道, 木射线单列晚材管胞弦壁多纹孔, 标尺 =200 μm
(c) 径切面, 示管胞径壁纹孔单列, 标尺 =50 μm
(d) 径切面, 示交叉场纹孔云杉型, 标尺 =50 μm
(e) 径切面, 示射线管胞 (箭头 A), 射线端壁具节状加厚 (箭头 B), 射线细胞横壁具单纹孔 (箭头 C), 标尺 =50 μm.

植物遗存形态与解剖结构

1. 胡杨的木材解剖结构

(a) 横切面，示生长轮明显，散孔材，径向复管孔，单管孔较少。标尺 =200 μm

(b) 径切面，示射线细胞异形。标尺 =50 μm

(c) 弦切面，示管间互列纹孔。标尺 =25 μm

(d) 径切面，示射线细胞异形。标尺 =100 μm

(e) 弦切面，示穿孔板倾斜。标尺 =50 μm

(f) 弦切面，示射线细胞单列。标尺 =100 μm

(g) 径切面，示射线—导管间纹孔为单纹孔。标尺 =25 μm

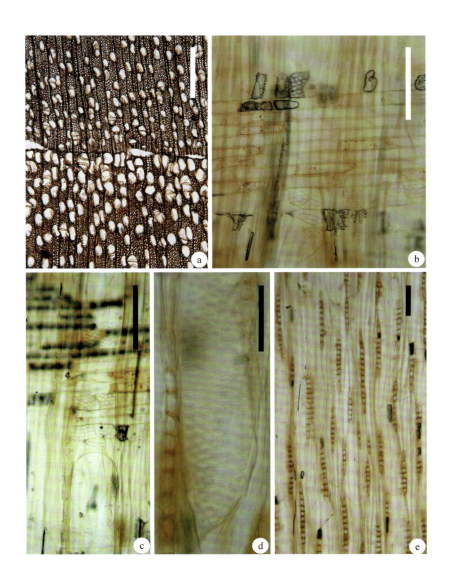

2. 柳的木材解剖结构

(a) 横切面，示生长轮明显，散孔材，单管孔多数，径向复管孔较少。标尺 =100 μm

(b) 径切面，示射线细胞异形。标尺 =100 μm

(c) 弦切面，示单穿孔板。标尺 =100 μm

(d) 弦切面，示管间互列纹孔。标尺 =50 μm

(e) 弦切面，示射线细胞单列。标尺 =100 μm

1. Ⅰ M21 正视

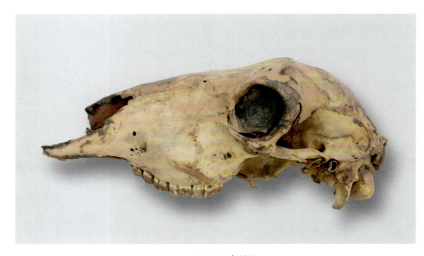

2. Ⅰ M21 侧视

3. Ⅰ M90 正视

4. Ⅰ M90 侧视

5. Ⅱ M161 正视

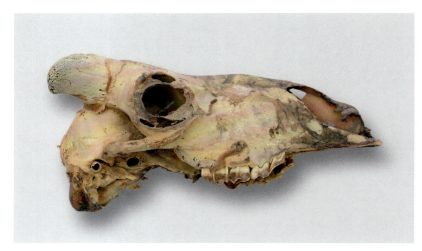

6. Ⅱ M161 侧视

7. Ⅱ M42 正视

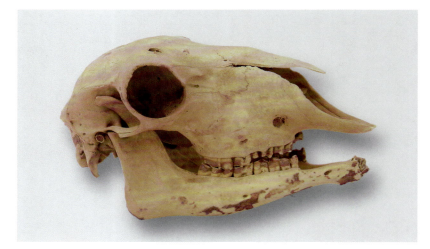

8. Ⅱ M42 侧视

Ⅰ、Ⅱ号墓地出土绵羊头骨

1. Ⅰ M130b 正视

2. Ⅰ M130b 侧视

3. Ⅰ M130a 侧视

4. Ⅱ M169 侧视

5. Ⅱ M169 正视

6. Ⅱ M169 侧视

7. Ⅰ M130c 正视

8. Ⅰ M130c 侧视

Ⅰ、Ⅱ号墓地出土山羊头骨

1. Ⅱ M58 正视

2. Ⅱ M58 侧视

3. Ⅱ M211 正视

4. Ⅱ M211 侧视

5. Ⅰ M130 正视

6. Ⅰ M130 侧视

7. Ⅱ M47 正视

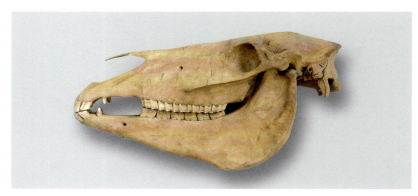

8. Ⅱ M47 侧视

9. Ⅱ M48 正视

10. Ⅱ M48 侧视

Ⅰ、Ⅱ号墓地出土动物头骨（1~4 为绵羊，5、6 牛，7~11 为马）